Dietmar Bunse

Die Lust Weg-zu-laufen

Der Autor

Dietmar Bunse, Jahrgang 1953, ist gelernter Bankkaufmann und war mehrere Jahrzehnte als Führungskraft in einer Großbank tätig. Er lebt mit seiner Familie in Wesel am Niederrhein.

Nachdem sein Erstlingswerk »Hochzeit auf dem Jakobsweg« erfolgreich vom Buchmarkt aufgenommen wurde, erscheinen nun weitere Episoden über seine große Leidenschaft, den Jakobsweg.

Zum Buch

Was macht die Reise über den Jakobsweg so faszinierend? Was erwartet den Wanderer auf diesem historischen, gleichsam geheimnisvollen Weg? Wie ist es möglich, einfach zu leben und trotzdem zufrieden zu sein? Dieses Buch findet die richtigen Antworten. Es ist ein Spaziergang durch die bunte Welt des Jakobsweges. Unterhaltsam, kurzweilig und humorvoll geschrieben versetzt es den Leser in die Lage in Gedanken mitzupilgern. Der Autor erzählt in erfrischender Form über seine Erlebnisse, Begegnungen mit Pilgern aus aller Welt, Empfindungen und die Nähe zu Gott. Er schildert eindrucksvoll seine vielen glücklichen Momente und geht auf seine emotionalen Wechselbäder während der Wanderung ein. Sowohl seine Wahrnehmungen von Fauna und Flora als auch tiefe spirituelle Intuitionen kommen nicht zu kurz. Ob Weinbrunnen in Irache oder die Stempelstelle von María in Logroño, dieses Buch lässt keine Einzelheiten aus. Ausgesuchte, wunderschöne Fotos, teilweise in Farbe, zieren den Reisebericht. Wertvolle informative Tipps zu den Themen Ausrüstung, richtiger Zeitpunkt der Wanderung, Qualität der Herbergen, Kosten und zur Länge der einzelnen Tagesetappen runden das Werk ab.

Ein Buch, das ansteckt, glücklich macht und Sie wunderbar auf Ihre Reise einstimmt.

Dietmar Bunse

Auf den Spuren der gelben Pfeile

Die Lust Weg-zu-laufen

Meine Wanderung von Saint-Jean-Pied-de-Port über Santiago de Compostela nach Finisterre

Bibliografische Information der Deutschen Nationalbibliothek:
Die Deutsche Nationalbibliothek verzeichnet diese Publikation in der Deutschen Nationalbibliografie; detaillierte bibliografische Daten sind im Internet über http://dnb.ddb.de abrufbar.

ISBN 978-3-86870-599-7

www.rediroma-verlag.de
14,95 Euro (D)

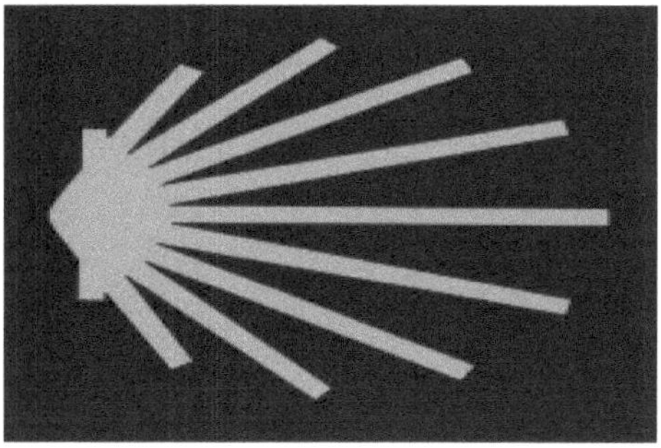

Dieses Buch ist (m)eine Hommage an den Jakobsweg.

Meinen Dank richte ich an meine Familie, die mich bei der Umsetzung meiner Pläne unterstützt und an meiner Reise großen Anteil genommen hat.

Wegweiser in Moratinos/Meseta

Am 20. Mai 2011 schrieb ich an meine Familie:

... es ist vollbracht, der Peregrino Dietmar Bunse ist in Santiago de Compostela eingekehrt. Es ist die Vollendung eines langen, strapaziösen Weges, der für mich äußerst wertvolle Erlebnisse, Begegnungen und Erfahrungen gebracht hat. Doch meine Gier auf das Laufen treibt mich weiter, weiter bis nach Finisterre. Dann bin ich wohl endlich satt und freue mich auf euch und mein Bett ...

Inhaltsverzeichnis

Teil 2

Teil 3

Vorwort

Im Gleichklang mit der Beendigung meines Berufslebens erfüllte mich eine neue, innerlich starke Bestimmung. Ich wollte meinem Leben frische Impulse geben und mich weiteren lebenserfüllenden Herausforderungen stellen. Die Benutzung des Wortes »Herausforderung« ist meinen innigen Wünschen und Zielsetzungen gleichzustellen. Sie sind Ausdruck meiner großen Lust am Leben. Mit der Bewältigung des Camino Francés habe ich mir einen meiner Lebenswünsche erfüllt.

Mit der Entscheidung, den Weg zu gehen, folgte ich einer Botschaft meines Kopfes und dem Ruf meines Herzens. Doch wie ist dieser Wunsch entstanden? Ganz einfach, Hape Kerkeling ist es mit seinem Buch »Ich bin dann mal weg« gelungen, meinen persönlichen Nerv zu treffen und mich anzuzünden. Weniger seine humorvollen Anekdoten als vielmehr die ausstrahlende Magie des Jakobsweges haben meine Abenteuerlust geweckt und mich ungewollt zum Getriebenen gemacht. Als ich das Buch 2008 las, wurde mir unumstößlich klar, dass der Jakobsweg eines Tages auch »mein Weg« sein würde. Nur den genauen Zeitpunkt ahnte ich noch nicht. Und es sollten noch einige Jahre vergehen, bis mein Vorhaben Wirklichkeit werden konnte. Dabei war mir ganz wichtig, den Beginn zeitnah mit dem Ende meiner beruflichen Laufbahn zu verknüpfen.

Zwischenzeitlich befasste ich mich immer wieder mit dem Jakobsweg. Doch spätestens Anfang des Jahres 2011 wurden meine Planungen konkreter. Wann und wo beginne ich, wie viel Zeit benötige ich, welche Ausrüstung wähle ich und wie bereite ich mich körperlich auf die Anstrengungen vor? Fragen über Fragen, doch vorhandene Literatur und das Internet waren mir eine große Hilfe. Allerdings war ich überhaupt nicht auf die Wirkung vorbereitet, die der Jakobsweg in mir hinterlassen würde.

Warum habe ich dieses Buch geschrieben? Einerseits wollte mein gedankensprudelnder Kopf befreit werden, andererseits verspürte ich leidenschaftlich große Lust dazu! Ich möchte meine Begeisterung über den Jakobsweg und die damit in Verbindung stehenden Erlebnisse in Worte fassen und nicht nur für mich behalten. Das Buch soll weder eine Doktorarbeit noch ein steriles, trockenes Tagebuch sein. Wenn es mir gelungen sein sollte, einen guten Unterhaltungswert zu vermitteln, dann wäre ich glücklich und hätte das mir gesetzte Ziel erreicht.

Lust wegzulaufen oder Lust (den) Weg zu laufen. Die Zweideutigkeit meines ausgewählten Buchtitels ist beabsichtigt. Sind wir doch ehrlich, wer möchte nicht einmal aus seiner privaten oder beruflichen Schablone ausbrechen, einfach weglaufen, um sich der Hektik und der sinnlosen Alltagshast zu entziehen? Wer träumt nicht davon, an irgendeiner Stelle in seinem Leben neue Wege zu gehen, um sich mit neuen Gedanken zu füllen und sich neue Inhalte zu verschaffen? Von dieser ewigfrischen Sehnsucht war ich seit meiner Kindheit befallen. Auf dem Jakobsweg konnte ich sie endlich stillen.

Auch wenn der Eindruck nach dem Lesen entstehen sollte, so bin ich kein Alkoholiker. Als leidenschaftlicher Rotweintrinker spielte und spielt Rotwein in meinem Leben seit vielen Jahren eine genussanregende, aber maßvolle Rolle. Die zahlreichen durchquerten Weinanbaugebiete suggerierten unterwegs – zumindest für einen Weinliebhaber wie mich – immer wieder geschmacksanregende Reize. Auf dem Jakobsweg waren mir Vino tinto im Allgemeinen und Rioja im Besonderen eine willkommene Medizin gegen Schlafstörungen.

Die Gilde der Schnarcher wird von mir, ähnlich der Qualitätseinstufung bei Hotels, gelegentlich mit Sternen bewertet. Je mehr Sterne, desto intensiver das Schnarchen. Die Klassifizierung »5-Sterne-Schnarcher« identifiziert den stärksten Schnarcher, der »3-Sterne-Schnarcher« bewegt sich hingegen nur im mittleren Geräuschpegelbereich.

Ich bin den gesamten Camino Francés in drei Abschnitten in den Jahren 2011, 2012 und 2013 gelaufen. Die chronologische Abfolge meiner Erlebnisse findet sich in den Teilen 1 bis 3 wieder.

Wesel, 19. November 2013 Dietmar Bunse

1 Der Jakobsweg

Er zieht sich entlang des 42. Breitengrades nach Westen. Ein Zufall? Möglicherweise schon in vorgeschichtlicher Zeit auf seine Zukunft vorbereitet, heißt er seit über eintausend Jahren seine Pilger willkommen und geleitet sie durch die Weiten Nordspaniens. Im Mittelalter, als die Wallfahrtsbewegung ihren Höhepunkt erreichte, gingen sie diesen beschwerlichen Weg zum Ablass ihrer Sünden und waren am Ziel sündenfrei. Damals war der Jakobsweg für viele Pilger ein Weg ohne Wiederkehr, denn die körperlichen Anstrengungen mit primitiver Ausrüstung und die zahlreichen Banditen forderten ihren Preis. Erst als der mächtige Orden der Tempelritter die wehrlosen Pilger zeitweise schützte, wurde der Weg für sie sicherer.

Jakobswege gibt es in ganz Europa. Alle führen zum Grab des Apostels Jakobus, dessen sterbliche Überreste sich nach den Überlieferungen in der Kathedrale von Santiago de Compostela befinden sollen.

Im Jahre 44 n. Chr. wurde der Apostel Jakobus in Jerusalem enthauptet. Einer Legende nach wurde sein Leichnam von seinen Brüdern in ein führerloses Boot gelegt, das dann, von Engeln begleitet, einige Zeit später in Padrón strandete. Fischer fanden die sterbliche Hülle und transportierten sie auf einem Ochsenkarren in das Landesinnere. Dort, wo die Zugtiere von alleine stehen blieben, wurde sein Leichnam begraben. Das Grab geriet in Vergessenheit und wurde erst im 9. Jahrhundert von einem Einsiedler wiederentdeckt. Die Kunde vom wundersamen Grabfund verbreitete sich wie ein Lauffeuer in ganz Europa und der Jakobskult erlebte somit seine Geburtsstunde. Die Entdeckung des Grabes erhielt aber noch eine andere Bedeutung. Weil große Teile Spaniens seit dem 8. Jahrhundert von Mauren besetzt waren, ersehnte das einheimische Volk einen Fingerzeig im Kampf gegen die muslimischen Glaubensfeinde. Der Grabfund entwickelte sich zum auslösenden Moment für die Reconquista, die Rückeroberung Spaniens im Zeichen des Kreuzes. Insofern darf es nicht verwundern, dass Jakobus zum Symbol des Widerstandes gegen die Mauren aufstieg und in vielen Kirchen entlang des Jakobsweges durch künstlerische Darstellungen als Maurentöter (Matamoros), meist auf einem Streitross reitend, verherrlicht wird.

Ob von Skandinavien, Holland, der Schweiz, Deutschland oder Frankreich aus, überall führt ein Netz von Jakobswegen nach Santiago de Compostela. Auf die Frage, wo der Jakobsweg beginne, erhält man in Spanien die Antwort: »El camino comienza en su casa« (Der Weg beginnt in Ihrem Haus). Demnach könnte man praktisch von jeder Haustüre aus loswandern. Wenn vom Jakobsweg gesprochen wird, dann ist in aller Regel der sogenannte Camino Francés gemeint, also der klassische Weg, beginnend in Saint-Jean-Pied-de-Port (Frankreich) in den Pyrenäen, über Pamplona, Logroño, Burgos, Fromista, León, Astorga bis zum Apostelgrab in Santiago de Compostela. Die Gesamtstrecke beträgt ca. 800 Kilometer.

Erst 1980 begann der spanische Priester Sampedro damit, den Camino Francés mit gelben Pfeilen zu markieren und sich für den Ausbau eines Herbergsnetzes einzusetzen. Unterstützt von namhaften wissenschaftlichen Kongressen, Ausstellungen und dem Europarat gewannen die Jakobswege zunehmend an Popularität. Der Camino Francés wurde 1993 von der UNESCO zum Weltkulturerbe ernannt. In 2012 wurde er vom Europarat in Straßburg zur »ersten europäischen Kulturstraße« erklärt, was als deutliches Zeichen für die europäische Identität zu werten ist, die mit diesem Weg verbunden ist.

In Santiago de Compostela erhalten diejenigen Pilger ihre »Compostela« (Pilgerurkunde), die anhand ihres Pilgerausweises lückenlos nachweisen können, dass die letzten 100 km zu Fuß oder die letzten 200 km mit dem Fahrrad oder zu Pferde bewältigt wurden.

Egal aus welchem Erdteil, unterwegs sind Menschen aus allen Berufszweigen, Gesellschaftsschichten und den unterschiedlichsten Kulturen anzutreffen. Der Entschluss, auf dem Jakobsweg zu pilgern, hat für jeden eine eigene Bedeutung. Waren in den ersten Jahrhunderten noch Frömmigkeit und tiefer Glaube Gründe für die Wallfahrt, so stehen heutzutage oftmals die Selbsterfahrung oder die sportliche Herausforderung im Vordergrund. Manch einer sieht sich auch spirituell motiviert. Viele Pilger wünschen sich einfach nur Zeit zum Nachdenken, um möglicherweise ihrem Leben neue Inhalte zu verschaffen, es neu zu ordnen oder um wichtige Entscheidungen treffen zu können. Andere betreiben Vergangenheitsbewältigung oder schmieden Zukunftspläne. Die einen suchen die Begegnung mit den Menschen, andere fliehen vor ihnen. Aber fast alle, egal welcher Couleur, verbindet der eine Beweggrund, der schon millionenfach Pilger auf den Weg gebracht hat: die Suche nach sich selbst.

Die Verzahnung von Natur und Kultur macht den speziellen Reiz des Jakobsweges aus, wobei die Landschaft zwischen den Pyrenäen und Finisterre unterschiedlicher nicht sein kann. Ihr zu begegnen, sie bewusst zu durchwandern, zu erleben und zu verinnerlichen dürfte der essenzielle Markstein einer jeden Wanderung sein.

Seit 2007 macht sich der »Kerkeling-Effekt« stark bemerkbar. Sein im Jahr 2006 erschienenes Buch wurde zum Verkaufsschlager und entpuppte sich als eine Werbekampagne für den Jakobsweg. Durch die hohe mediale Beachtung rückte er für viele Deutsche schlagartig ins Rampenlicht und wurde vielfach zum Objekt der Begierde. Seitdem stieg die Anzahl der deutschen Pilger merklich an.

2 Finisterre

Bizarr ragen seine 247 Meter Granitmasse aus dem Meer. Von Wind und Wasser zur markanten Felsspitze modelliert, nimmt das Kap Finisterre seinen festen Platz an der Westküste von Galicien im Nordwesten Spaniens ein. Aus einer überschaubaren Entfernung von sechzig Kilometer Luftlinie wacht Santiago de Compostela über seinen westlichen »Außenposten«.

Sonnenuntergang am Kap Finisterre

Da, wo sich der Kreislauf des Wassers im Meer schließt, endet auch der Camino a Fisterra. Und genau hier beginnt nach einem uralten Brauch für viele Pilger nach dem Verbrennen der Kleidung und einem reinigenden Bad bei Sonnenuntergang im Meer symbolisch der Eintritt in eine neue Lebensphase. Zahlreichen Pilgern gilt der auf dem Kap thronende Faro (Leuchtturm) mit dem prägnanten Wegstein 0,00 Kilometer als das wirkliche Ende des Jakobsweges.

Im Mittelalter war der Glaube weit verbreitet, der Felsvorsprung sei auch gleichbedeutend mit dem Ende der Welt. Doch spätestens als im Jahre 1492 Christoph Kolumbus Amerika entdeckte, konnte dieser Glaube objektiv nicht mehr aufrecht gehalten werden.

Geschätzt wandern etwa zwanzig Prozent der Pilger von Santiago de Compostela aus – dem Atlantik entgegen – weiter nach Finisterre zum Kap. Als beliebte Alternative bietet sich auch eine eintägige Busreise zum berühmten Felsen an.

Teil 1

2011

Von Pamplona über Santiago de Compostela nach Finisterre

3 Aufbruch am 25.4.2011

Das Grab des Apostels Jakobus war mein erklärtes Ziel. Santiago de Compostela, einer der drei bedeutenden Wallfahrtsorte der Christenheit, rief mich und ich machte mich folgsam auf den Weg. »Tschüss«, »Bye-bye« und »Adieu« Wesel!

Ostermontag begann meine Reise. In voller Pilgermontur, Rucksack, Strohhut und Wanderschuhen, setzte ich mich mittags in den Zug von Wesel nach Frankfurt, wo mich mein Freund Manfred, mit dem ich die erste Woche meiner Wanderung gemeinsam unterwegs sein wollte, erwartete. Wir fuhren mit dem Auto am gleichen Abend los und erreichten am nächsten Tag Pamplona, den Ausgangsort unserer Wanderung. Am Folgetag brachen wir morgens voller Erwartungen auf. Meine Pilgerreise endete am 25. Mai in Finisterre. Am 27. Mai konnte ich meine Familie endlich wieder in die Arme schließen.

Am Anfang stand die Zugfahrt

4 *Tapas mit Ernest Hemingway*
Hinfahrt: Frankfurt – Pamplona am 25./26.4.2011

Nach 18-stündiger Autofahrt erreichten wir gegen 16.30 Uhr unser Hotel Villava in Pamplona. Unterwegs machten wir in Frankreich noch einen Abstecher zur Atlantikküste. Am feinen Sandstrand und der frischen Seeluft von Mimizan Plage schüttelten wir einen Teil der Reisestrapazen wie eine lästige Fliege ab.

Stierdenkmal in der Altstadt

Nachdem die belebenden Wasserstrahlen der Hoteldusche unsere Lebensgeister zu neuer Tatkraft erweckten, fuhren wir mit dem Bus zur Altstadt. In der Nähe des Marktplatzes besichtigten wir zuerst das Denkmal der Stierrennen, eine mit einer grünen Patina überzogenen Bronzeskulptur. Hier wurde ein flüchtiger Moment verewigt, bei der abenteuerhungrige Männer vor den Stieren herlaufen und dabei ihr Leben aufs Spiel setzen. Dieses Spektakel wiederholt sich real jährlich im Juli während des Volksfestes »San Fermin« und zieht sensationssüchtige Massen aus aller Welt an. Ernest Hemingway nutzte die Stierläufe, um sie eindrucksvoll in seinem Roman *Fiesta* zu beschreiben. Mit der Einkehr im Café Iruña befanden wir uns endgültig auf den Spuren des berühmten Schriftstellers, der dort früher regelmäßig verkehrte. Umgeben von der ursprünglichen Dekoration des 19. Jahrhunderts, verzehrten wir einige köstliche Tapas, u.a. mit Zitronensaft beträufelte Sardellen, tranken vier Gläser besten Rioja-Rotwein und zahlten für alles zusammen nur ein paar schmale Euro.

Lebensgroße Bronzestatue im Café Iruña: Hemingway blickt Manfred prüfend an

Anschließend erkundeten wir die Altstadt mit ihren schönen Kirchen, bewunderten das barocke Rathaus mit seiner verspielten Fassade, kauften uns eine Jakobsmuschel als sichtbare Pilgerlegitimation für den Rucksack und stillten unseren erneut aufkeimenden Hunger mit weiteren delikaten Tapas in verschiedenen Bars.

Tapas, diese unwiderstehlichen Häppchen, stehen in Spanien für fröhliches Beisammensein mit guten Freunden bei vielen kleinen Köstlichkeiten und einem Glas Wein oder Bier. Das Wort »Tapas« wurde ursprünglich für eine Art Untertasse verwendet, die man auf sein Glas stellte, um Insekten fernzuhalten. Es war naheliegend, diese Tellerchen mit diversen Leckerbissen zu dekorieren. Die Tradition der Tapas war somit geboren.

Doch nicht nur die appetitlichen Häppchen verlockten zum Verzehr, sondern auch die aneinandergereihten, großen, geräucherten Schinkenkeulen, die wie Regentropfen fast schon dekorativ in den Bars an der Decke hingen, hinterließen eine verführerische, appetitanregende Wirkung. Ob man will oder nicht, man greift zu und das Motto »Einer geht noch«, gewinnt auf einmal an Bedeutung. In der letzten Bar sahen wir gespannt eine Halbzeit lang das Halbfinale in der Champions League zwischen Schalke 04 und Manchester United.

Gegen 22.00 Uhr fuhren wir mit dem Bus zum Hotel zurück. In der Hotel-Bar erlebten wir – von Müdigkeit gezeichnet – noch das Ende des Fußballspieles. Anschließend ging es endlich nach vierzig Stunden ohne Schlaf in die wohlverdiente Horizontale. Mit den Gedanken, ganz nahe an der Eingangspforte des Jakobsweges zu stehen, schloss ich meine Augen.

5 Die kleinen Schmetterlingsjäger
Pamplona – Puente la Reina, 24 km am 27.4.2011

Vom Hotel aus fuhren wir mit dem Bus zum Stadtrand. Als wir ausstiegen, sahen wir zum ersten Mal mit großen Augen die berühmten gelben Pfeile. Es kribbelte, denn die markanten Wegzeichen signalisierten uns, wir waren jetzt auf dem Jakobsweg!

Nie erscheint der Himmel blauer, die Luft reiner und die Natur schöner als am ersten Wandertag! Und so nahm ein herrlicher Tag in einer reizvollen Gegend mit einer von Blumen durchtränkten Landschaft seinen Anfang. Navarra, eine der teuersten und reichsten Regionen Spaniens, zeigte sich uns in einladender Weise.

Von Cizur Menor ging es nach Zariquiegui und weiter in Richtung Puente la Reina. Zuvor galt es, den 771 m hohen Alto del Perdón, den ein lang gezogener Windpark ziert, zu überwinden. Meiner mangelhaften Kondition war es geschuldet, dass sich die ersten kleinen Ermüdungserscheinungen schon nach wenigen Kilometern leise, still und schleichend einstellten. Zum Glück wollte sich auf der Bergspitze ein Spanier ein paar Euro verdienen. In seinem kleinen Imbisswagen hielt er eine Auswahl an Getränken und Snacks bereit. Er war der richtige Mann zum richtigen Zeitpunkt und am richtigen Ort. Manfred gönnte sich ein kühles Bier und ein Sandwich, mein Appetit wurde mit einem vitaminreichen Obstsalat gestillt.

Nach einer halbstündigen Verschnaufpause wanderten wir weiter, zunächst durch das verschlafene Dörfchen Uterga und dann durch Muruzábal nach Orbanos.

Kurz vor einer Anhöhe begegneten wir zwei kleinen Kindern, die auf spielerische Weise mit ihren Fangnetzen nach Schmetterlingen jagten. Dabei waren sie nicht besonders geschickt, doch sie strahlten eine erfrischend kindliche Leichtigkeit auf uns aus. Was den Kindern nicht gelang, verspürten wir in anderer Form im Bauch: Die Magie des Jakobsweges bescherte uns wild flatternde Schmetterlinge in der Magengegend.

Schrilles Wehklagen meiner Füße lenkte nach einer Weile meine Blicke auf eine Druckstelle am rechten Fuß. Ach ja, diese neuen, teuren Wanderschuhe, natürlich noch nicht eingelaufen, machten mir also schon am ersten Tag meiner Wanderung einen Strich durch die Rechnung. Jetzt kam Plan B an die Reihe. Also Rucksack auf, die alten, bequemen Sandalen raus und weiter ging es im Schweinsgalopp. Wir überholten unterwegs zum x-ten Mal einen massigen blonden »Kleiderschrank« mit Pferdeschwanz und Pilgerstock, der behäbig im Zeitlupentempo schwitzend über den Weg stampfte. Und es sollte nicht die letzte Begegnung mit ihm sein.

Das Tagesziel Puente la Reina, ein Städtchen mit vielen beachtenswerten alten, wappengeschmückten Adels- und Bürgerhäusern, erreichten wir am späten Nachmittag. Aus pilgerstrategischer Sicht erlangt Puente la Reina Bedeutung, weil sich kurz zuvor der Aragonesische Jakobsweg, von Puerto de Somport kommend, mit dem Camino Francés vereinigt. Direkt am Ortseingang lag die ruhig und schön gelegene Herberge Jakue. Sie machte einen sauberen und ansprechenden Eindruck. Wir hätten zwar liebend gerne in dem kurz vor der Vollendung stehenden Baumhaus genächtigt, doch das uns angebotene kleine Zweibettzimmer mit WC und Dusche strahlte auch einen gewissen Charme aus. Zur Grundausstattung der Herberge zählten übrigens Waschmaschine, Trockner und Internetanschluss.

Die kleinen Schmetterlingsjäger

6 Der Eierlauf
Puente la Reina – Estella, 22 km am 28.4.2011

Gut geschlafen und ausgiebig gefrühstückt, das war doch eine vielversprechende Mischung für den anbrechenden Tag! Das Pilgerfrühstück verdiente sich eine gute Note. Es beinhaltete eine große Tasse Kaffee, zwei Toasts, Butter, Marmelade und ein Glas frisch gepressten Orangensaft. Gestärkt und frohen Mutes verließen wir um 9.15 Uhr die Herberge und durchquerten die Ortschaft Reina. Mit bewundernden Blicken schritten wir über das Wahrzeichen der Stadt, die berühmte, aus dem 11. Jahrhundert stammende Brücke über den Río Arga, und wandten uns wieder dem Camino zu.

»Brücke der Königin« über den Río Arga

An der ersten größeren Steigung lernten wir flüchtig ein schnaufendes älteres Ehepaar aus Berlin kennen, das ebenfalls von Pamplona kommend unterwegs war. Die Rucksäcke waren glaubhaft mit jeweils 13 kg gefüllt und die Frau sah schon ziemlich fertig aus.

Wir passierten das verschlafene Örtchen Mañeru und wanderten bei bestem Wetter durch Getreidefelder und Weinberge weiter nach Cirauqui, einem sehenswerten Dörfchen mit einem gut erhaltenen mittelalterlichen Ortskern. Die leeren Stühle vor einem Lebensmittelgeschäft verlockten uns zu einer Pause. Kaffee und richtig gut belegte Baguettes waren jetzt die idealen Aufbaustoffe. Nach weiteren vier Kilometern Wanderung überquerten wir das Flüsschen Salado, über das eine zweibogige mittelalterliche Brücke führte. Eiligen Schrittes gingen wir schnurstracks zum Ufer, um unsere heiß gelaufenen Füße in das kühle Flusswasser zu tauchen. Im Randbereich stieg die Wassertemperatur wohl schlagartig um drei Grad. Von den fußspezifischen Absonderungen zusätzlich irritiert, suchten vermutlich alle vernünftigen Wasserorganismen in direkter Nähe fluchtartig das Weite.

Nach einem halbstündigen Aufenthalt rappelten wir uns wieder auf und nahmen den Aufstieg nach Lorca in Angriff. Das schicke Dorf mit Brunnen und mehreren Bars lud erneut zum Verweilen ein. Anschließend ging es durch flaches Gelände in Richtung Villafuerta.

Abseitsstellung einer Treppe

Weitere vier Kilometer folgten, bis wir endlich das in einem Talkessel eingebettete, einstige Königsstädtchen Estella erreichten. Ich war völlig erschöpft und fühlte mich angezählt. Die Anstrengung war aus meinem Gesicht abzulesen. Manfred wirkte noch wesentlich frischer. Nach kurzer Diskussion entschieden wir uns für die Jugendherberge Oncineda, die abseits vom Straßenlärm, großzügig von Bäumen umgeben, auf einem Hügel lag. Ein 4-Bett-Zimmer nur für uns beide schien uns eine ruhige Nacht zu garantieren. Aber es sollte anders kommen.

Gleich nach den erfolgreichen Wiederbelebungsmaßnahmen unserer Körper besichtigten wir die Wehrkirche San Miguel, die einen lohnenswerten Ausblick auf die Stadt erlaubt. Anschließend gönnten wir uns in einem Restaurant ein dreigängiges Pilgermenü. Mit einer Flasche guten Riojas unter dem Arm traten wir dann den Rückweg zur Herberge an. Irgendwie wurde ich das Gefühl nicht los, wie »auf Eiern« zu laufen, meine Hüften, Beine und Füße protestierten jedenfalls enorm. Die Kilometerangaben unterwegs kamen mir ohnehin »spanisch« vor, gefühlt hatte ich heute mindestens 30 km zurückgelegt!

7 Der Weinbrunnen
Estella – Los Arcos, 22 km am 29.4.2011

Oje, in der Jugendherberge waren gegen 22.00 Uhr ca. 50 Jugendliche eingekehrt und genau auf unserer Etage untergebracht worden. Und damit war es Schluss mit lustig, es stellte sich unerträglicher Krach ein. An Schlaf war nicht mehr zu denken. Zweimal beschwerte ich mich lautstark, aber es half wenig. Was sollte ich bloß machen? Nach den Strapazen des Tages lechzte mein abgeschlaffter Körper förmlich nach Ruhe und Erholung. Und das ging nur, wenn ich schlafen konnte! Doch diese unerzogene Jugendhorde ohne Benimmregeln hatte etwas dagegen! Sie bestraften meinen Körper, indem sie ihn nicht schlafen ließen. Und ich musste es ohnmächtig akzeptieren. Nach dem spärlichen Frühstück liefen wir mit dicken Augen um 8.50 Uhr los. Unser Tagesziel hieß Los Arcos.

Weinbrunnen am Weingut Bodegas Irache

Vorbei am ehemaligen Kloster gelangten wir bald zum beliebten Weingut Bodegas Irache, das sich durch seinen Weinbrunnen eines großen Bekanntheitsgrades erfreut. Hier werden die Pilger eingeladen, sich kostenlos mit Wasser zu erfrischen und mit einem Schluck Wein zu beleben. Dieses Geschenk hätten wir gerne angenommen, doch die durstigen Pilgerscharen vor uns hatten ihn wohl leider leer gesoffen. 30.000 Liter Rotwein sollen angeblich alljährlich aus dem Zapfhahn fließen. Wir zählten jedenfalls nicht zu den Konsumenten. Es ging auch ohne Weinprobe weiter. Der sich anschließende Wegabschnitt führte uns durch herrliche Steineichenhaine. Manche Passagen gaben wiederholt den Fernblick auf die Sierra de Urbasa frei.

Reckt euch, streckt euch, dehnt euch! Was Experten empfehlen, kann nur hilfreich sein. Nicht selten trifft man unterwegs Pilger, die sich mit Leibesübungen fit halten, sich strecken, dehnen, auf den Boden legen, um mit gymnastischen Bewegungen die verspannten Muskeln zu lockern oder gar, um sich mit Liegestütze neu zu vitalisieren. Auch wir streuten gelegentlich eine kleine Gymnastikrunde ein.

Los Arcos erreichten wir am späten Nachmittag. Wir beschlossen, in der unter österreichischer Flagge stehenden Herberge Casa de Austria zu übernachten, was sich als gute Entscheidung erwies. Die Herberge wurde von Hospitaleros der österreichischen Jakobusbruderschaft engagiert und liebevoll geführt. Wir bekamen zwei Schlafplätze in einem 14-Bett-Zimmer zugewiesen.

Insbesondere deutschsprachige Pilger fühlten sich von den österreichischen Gastgebern magnetisch angezogen und so war es nicht verwunderlich, dass die Herberge von Deutschen nur so wimmelte. Eine schöne Terrasse im Innenhof diente als Kontakthof und ermöglichte interessante Menschen kennenzulernen.

Günter und Renate aus Köln gehörten genau dieser Spezies an. Die beiden begegneten sich in Griechenland und waren seit zwei Jahren zusammen. Günter, ein 40-jähriger gebürtiger Wiener mit Mozartzopf, erzählte uns in beeindruckender Weise seine Lebensgeschichte. Ursprünglich betätigte er sich als erfolgreicher Immobilienmakler in Wien, fuhr einen luxuriösen Audi A 8 und war gern gesehener Gast in Bordellen. Seine ausschweifende Lebensweise stürzte ihn in den Abgrund einer tiefen Lebenskrise. Nach einem misslungenen Selbstmordversuch beschloss er, sich grundlegend neu zu ordnen. Er wanderte nach Griechenland aus, um in einer Höhle ohne Wasser und Strom zu leben, hauste dort wie ein Eremit ohne jeglichen Komfort, baute sich aus Brettern sein Bett und zimmerte sich einfache Regale. Das mehrfache Studium der Bibel und vieler esoterischer Bücher verschaffte ihm neuen Lebensmut und ein ungekanntes Glücksgefühl. Durch Zufall lernte er bei einem Ausflug Renate kennen. Die beiden verliebten sich ineinander und so zog Günter mit ihr nach Köln. Er bezeichnete sich als Lebenskünstler und war mit ihr, die als Verwaltungsangestellte keine berufliche Erfüllung mehr verspürte, bereit, irgendwo auf der Welt noch einmal etwas Neues anzufangen. Das Paar war von Saint Jean aus losgelaufen und wollte auch gelegentlich zelten. Die mitgeführte Ausrüstung forderte allerdings ihren Preis und kassierte unterwegs unbarmherzig Kilometer für Kilometer eine nicht zu unterschätzende »Energiesteuer«. Im Gegenzug war wohl der aufgeblähte Monsterrucksack mit einem unglaublichen Gewicht von 24 Kilogramm von der »Vergnügungssteuer« befreit.

Nach kurzer Zeit setzte sich ein nettes Pärchen aus Gütersloh, das mit zwei drolligen tibetischen Hirtenhunden unterwegs war, zu uns an den Tisch. Sie freuten sich über die Ausnahmeerlaubnis der Herbergsleitung, zusammen mit ihren Hunden unter dem Vordach im Innenhof nächtigen zu dürfen.

Abends schlenderten wir ins Dorf. In einer Bar nahe der Pfarrkirche Santa Maria trafen wir den blonden stattlichen Pilgerhünen wieder. Eine gute Gelegenheit, ihn näher kennenzulernen und mehr über ihn zu erfahren. Er war Däne, erst 21 Jahre alt und studierte an einer Universität in Kopenhagen. Wie schon an anderer Stelle erwähnt, waren wir ihm schon mehrmals begegnet und überholten ihn in seiner behäbigen Gangart etliche Male, aber irgendwie schaffte er es, ständig vor uns zu sein. Offensichtlich machte er keine Pausen oder fuhr streckenweise mit dem Bus. Anstatt Pferdeschwanz trug er sein langes Haar heute offen und glich in dieser Aufmachung auch ohne Hörner einem echten Wikinger. Bei solch einem Anblick blieb der Platz neben ihm nicht lange frei und so gesellten sich noch zwei Kanadierinnen zu uns in die lockere Runde. Doch es warteten wohl noch andere Fans auf ihn und alsbald verabschiedete sich der Skandinavier freundlich.

Hungrig wie wir waren, konnten wir uns nun endlich in aller Ruhe unserem Pilgermenü mit dem immer wieder beliebten Haustier mit einem Bein, dem halben Hähnchen, zuwenden.

Wieder in der Herberge angekommen, nahmen wir zusammen mit Günter und Renate noch eine Kostprobe vom preiswerten, aber guten Hauswein. Mit den typischen Auswirkungen dieses Schlaftrunks schlichen wir gegen Mitternacht in unsere Betten.

8 *Käfighaltung*
Los Arcos – Viana, 20 km am 30.4.2011

Trotz »3-Sterne-Schnarcher« im Raum konnte ich einigermaßen gut schlafen. Manfred brauchte man nicht zu fragen, er schlief immer gut. Er hatte nie ein Schlafproblem, denn er zählte zu denjenigen, die man nachts in eine Ecke stellen oder wegtragen konnte, ohne dass sie etwas merken würden. Ich beneidete ihn um diese Eigenschaft. Dagegen herrschte im Kerngebiet meiner Nervenzellgruppen beim Einschlafen wohl ein hochkompliziertes Reiz-Klima. Leider verfüge ich über sensible Schlafeigenschaften, was in den Herbergen nicht unbedingt ein Vorteil war.

Morgengold-Frühstück österreichischer Art in Spanien, gibt's das? Ja! Wo denn? Wie wär's denn mit der Casa Austria in Los Arcos! Die Brotzeit frühmorgens verdiente sich ein Wort mit sechs Buchstaben: spitze! Mit einer guten Wegzehrung im Bauch ließ es sich schwungvoll in die nächste Etappe starten!

Manchmal gibt es Dinge, die keiner braucht, z.B. einen Fotoknipser, der ungefragt alle vorbeikommenden Pilger auf dem Camino fotografiert und darüber informiert, dass man sich am darauffolgenden Tag im Internet bewundern könnte. So geschehen, kurz nachdem wir den Ort auf einem Feldweg verließen.

Die Gegend war mal wieder hinreißend, eine Wonne für die Netzhaut der Augen. Kleine zartgrüne Weinberge öffneten sich zu beiden Seiten des Weges. Wären wir nicht in Spanien, so könnte man meinen, wir wären auf dem Rotwein-Wanderweg an der Ahr unterwegs.

Im schläfrigen Torres del Rio legten wir die erste Pause ein und stießen zufällig auf Günter und Renate. Nach einem kurzen Plausch ging es weiter. Bei einer erneuten Rast trafen wir die beiden wieder. Eine gute Gelegenheit, um mich von Günters schwergewichtigem Monsterrucksack zu überzeugen. Puh, nur mit Mühe konnte ich ihn in die Rückenlage hieven. Die 24 Kilogramm erschienen zweifelsohne nicht übertrieben. Freiwillig würde ich dieses Biest nur unter Androhung von Strafe und nur wenige Kilometer transportieren können. Günter war für mich ein wahrer Held. Wir blieben fortan zusammen.

Schon am frühen Nachmittag erreichten wir die Herberge Albergueria Andrés Muñoz in Viana. Sie befand sich in einer romantischen, ruhigen Lage direkt neben einer verfallenen Kirche im Ortszentrum. Der uns zugewiesene Neun-Bett-Schlafraum mit drei etagenförmigen Betten präsentierte sich in einer nüchternen, puristischen Kargheit. Halt typischer Herbergs-Barock, allerdings mit einer Besonderheit: Damit die verbrauchte Luft in dem fensterlosen Zimmer abziehen konnte, hatten sich die Architekten etwas ganz Spezielles einfallen lassen: An der Wand zum Flur waren die letzten zwei Steinreihen einfach ausgespart worden, Fensterproblem gelöst und die einfache Formel lautete: Mief wurde gegen Mief ausgetauscht. Außerdem drang durch diese konstruierte Lücke nachts beim Toilettengang anderer Pilger erfrischend helles Licht aus dem Flur in den Schlafraum.

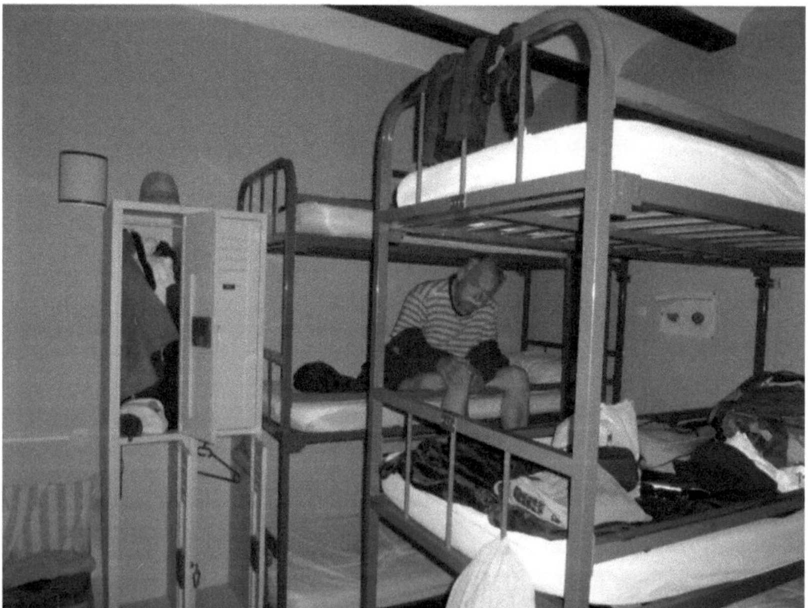

Käfighaltung im Refugium

Im Aufenthaltsraum lernten wir einen 65-jährigen Südtiroler aus dem Grödnertal kennen, der damit prahlte, heute mal wieder eine Tagesetappe von 57 Kilometern gegangen zu sein, was aber glaubhaft klang. Seine Fitness schöpfte er aus wintersportlichen Aktivitäten und regelmäßigem Bergwandern im Sommer. Diesem durchtrainierten Ausdauersportler waren seine Kondition und Fitness anzusehen, mit nur leichten 6 kg Gepäck auf dem Rücken waren ihm 50 km und mehr am Tag tatsächlich zuzutrauen. Aber waren Eile und Rekordläufe auf dem Camino eine wirklich gute Idee?

Nach der Wäsche ging ich zusammen mit Manfred auf Erkundungstour. Schon die ersten Schritte außerhalb der Herberge führten uns in den teilweise noch gut erhaltenen Stadtkern aus dem 13. Jahrhundert, aus dem wappengeschmückte Häuser, Fragmente der alten Stadtmauer, die mittelalterliche Kirche Santa Maria und das barocke Rathaus herausragten.

In den Gassen herrschte reges Treiben, die Altstadt pulsierte regelrecht. Der Samstagabend besitzt bei den Spaniern traditionell einen hohen Stellenwert. In der spanischen Gesellschaft funktioniert der soziale Kitt noch und das Zusammensein mit der Familie genießt oberste Priorität. Und so verwunderte es nicht, dass die Restaurants gegen Abend in einen belagerungsähnlichen Zustand gerieten. Freie Plätze zu ergattern, glich dem Versuch, einen Pudding an die Wand nageln zu wollen. Schmalkost war demnach angesagt, denn trotz aller Bemühungen blieb uns nichts anderes übrig, als uns mit einigen dürftigen Tapas in zwei verschiedenen Bars zufriedenzugeben. Asketisch zu leben war ohnehin eine Pilgerpflicht und hier fanden wir eine gute Gelegenheit, um diese Vorgabe zu erfüllen.

Gegen 22.00 Uhr ging es dann in die Schlafkäfige unserer Herberge zurück. Ein Franzose äußerte noch seinen Unmut darüber, dass er sich durch unsere Geräusche beim Umkleiden gestört fühle. C´est la vie. Bei der dicken Luft war es kaum möglich einzuschlafen, doch irgendwann kam vor lauter Mitleid das Sandmännchen mit seinem Sandsäckchen vorbei und streute mir ganz viele Schlafkörnchen in die müden Augen. Die Körnchen wirkten, irgendwann schlief ich dann tatsächlich ein.

9 *Stempelstelle einer Camino-Ikone*
Viana – Logroño, 10 km am 1.5.2011

Ein erholsamer Kurzweg stand uns bevor. Um 5.45 Uhr wurden wir durch den Krach des aufbrechenden, »netten« Franzosen geweckt. Sollte wohl eine Retourkutsche sein. Damit war die ohnehin kurze, teilweise schlaflose Nacht vorbei. Uns blieb nichts anderes übrig, als sie abzuhaken und mit den Vorbereitungen für die anstehende Etappe zu beginnen. Um 7.00 Uhr war der Rucksack geschnürt und wir kehrten in ein nahegelegenes Café ein. Ein gutes Frühstück mit einem doppelten Kaffee half den Kreislauf wieder in Schwung zu bringen. Nach einer Stunde ging es wieder los.

Stempelstelle bei María

Einige Kilometer hinter Viana befindet sich die Stempelstelle der ehemaligen Camino-Ikone Doña Felisa. Als sie 2002 92-jährig starb, übernahm ihre inzwischen 77-jährige Tochter María ihre Aufgaben. Am altgedienten Küchentisch drückte sie bei einer Tasse Kaffee den schönen Stempel mit der Inschrift higos – agua y amor, was Feigen, Wasser und Liebe bedeutet, in unsere Pilgerpässe. María besaß nicht nur ein ausgesprochen großes Herz für Pilger, sondern auch für Hunde. Auf den ersten Blick ließ zwar der vor ihrem Haus angekettete Mischling diesen Rückschluss nicht zu, aber das überaus heftige Schwanzwedeln und das freundliche Einfordern von Streicheleinheiten bedeutete wohl in der Hundesprache: »Ich fühle mich knuddelwohl hier.« Wie zu erfahren war, rettete sie dem drolligen Kerl das Leben, indem sie ihn vor einer Tötungsstation bewahrte, und er dankte es ihr und den vorbeiziehenden Pilgern auf seine liebenswürdige Weise.

Pilgerstempel von María

Wir erreichten bald das Ebro-Becken und ließen somit Navarra hinter uns. Die Region La Rioja lag uns zu Füßen und Logroño, die Hauptstadt dieser weltbekannten Weinregion, kündigte sich an. Schon Kelten und Römer schätzten das fruchtbare Ufergebiet des Río Ebro und hinterließen dort viele Spuren.

Über die alte Steinbrücke führte der Weg direkt ins Stadtzentrum. Zunächst war der Drang, eine geeignete Unterkunft zu finden, stärker als die Neugierde, die Stadt zu besichtigen. Es sollte dieses Mal keine

Herberge sein. Direkt an der Kathedrale stöberten wir das zentral gelegene Hostal la Redonda auf. Der erste Eindruck war überzeugend und somit war die Entscheidung für die nächste Nacht gefallen. Das schöne Einzelzimmer bedeutete eine willkommene Abwechslung zur Käfighaltung in der letzten Herberge. Günter und Renate entschieden sich nach interner Diskussion ebenfalls für diese Unterkunft. Für Manfred standen die Zeichen auf Abschied, denn er musste noch heute nach Pamplona zurück reisen.

Um 13.00 Uhr nahmen wir an einem mitreißenden Gottesdienst in der barocken Kathedrale Santa Maria de la Redonda teil. Eine Sopranistin zog uns mit ihrer einzigartigen Stimme in ihren Bann. Sie gab der Messe einen ungemein würdevollen und feierlichen Rahmen, der nicht nur bei uns, sondern auch bei anderen Pilgern einen bleibenden Eindruck hinterließ.

Jakobus als Maurentöter

Anschließend galt unser Interesse Jakobus, dem Maurentöter. Über dem Portal der Santiago-Kirche entdeckten wir ihn. Hier wird die Zeit der Reconquista wieder präsent: In siegreicher Pose, hoch auf einem Streitross reitend und mit einem Schwert bewaffnet, hackt er symbolisch einigen Mauren den Kopf ab.

Nachmittags begleiteten wir Manfred zum Busbahnhof. Mit einem nachdenklichen »Buen Camino« verabschiedete er sich von uns. Ich war auf Moll gestimmt, als sich der Bus mit ihm an Bord in Bewegung setzte. Ab jetzt war ich auf mich alleine gestellt und musste mich in einem fremden Land auf einem unbekannten Weg selbst zurechtfinden. Diese neue Situation wurde mir immer bewusster, und eine Gebrauchsanweisung für den Jakobsweg gab es ja nicht. Meine Gefühle pendelten zwischen erwartungsfroher Spannung und Unbehagen.

10 Der weibliche Porsche
Logroño – Nájera, 32 km am 2.5.2011

Ich saß in Nájera wie ein unrasierter Penner am Ufer des Río Nájerillo auf einer Parkbank, hatte mir ein Baguette, Käse und eine Dose Bier gekauft und schaute entspannt auf den Fluss. Es klingt komisch, aber meine momentan imaginäre Wahrnehmung von Armut gab mir gleichzeitig das wohlige Gefühl unendlich reich zu sein.

Manfreds Abreise hinterließ eher eine befreiende Wirkung auf mich, was nicht unbedingt zu erwarten war. Ich konnte mich auf dem Camino neu formieren und hatte Hirn und Herz auf »alleine unterwegs sein« gestellt.

Blick auf Navarette

Doch ich war nicht wirklich allein, auf meiner Tagesetappe machte ich wieder einige interessante Bekanntschaften, u.a. mit einem Rollstuhlfahrer, kurz hinter Navarette. Er stammte aus Barcelona und versuchte, von seinem Einstiegsort Logroño aus nach Santiago de Compostela vorzudringen. Ein mutiges und sicherlich abenteuerliches Vorhaben mit beachtlichem Gefahrenpotenzial.

In Ventosa lernte ich schließlich die reizende Südafrikanerin Franzie kennen, die mich anfangs mit dem Tempo eines Sportwagens aus Zuffenhausen (vermutlich Modell 911) überholte. Dabei spielte sie mit einem Tennisball, der ständig aufduppte. Das interessierte mich natürlich und als sie mich nach einer Pause in Ventosa zum zweiten Mal auf der Überholspur abhängen wollte, sprach ich sie an: »Welchem Kind hast du denn den Ball geklaut?« Sie lachte. »Ich habe ihn unterwegs gefunden und nun ist er mein Talisman«, verkündete sie mit einer erhöhten Drehzahl in ihrer Stimme. »Und ich bin die einzige Pilgerin, die auf dem Camino Tennis spielt«, scherzte sie weiter. »Aber auch die Einzige, die Tennis ohne einen Schläger spielt«, konterte ich. Damit war ich im Spiel und es stand »fifteen all«. Diese mich mit ihrer Ausstrahlung fesselnde Frau forderte mich wohl verbal zu einem Match heraus und machte mich neugierig. Als ich meine Nationalität preisgab, meinte sie zu meiner großen Überraschung: »Dann lass uns doch deutsch sprechen!« Ich war einigermaßen erstaunt und erfuhr, dass sie durch einen zweijährigen Deutschlandaufenthalt über noch recht passable Deutschkenntnisse verfügte. Sie arbeitete von 1993 bis 1995 im Küchenbereich eines Sylter Restaurants und schwärmte noch immer für die deutsche Kochkunst. Später zog sie wieder nach Südafrika zurück. Dort betätigte sie sich als Künstlerin und malte ihre ausdrucksvollen Fantasien. Da sie geschieden war, lebten ihre beiden Söhne z. Zt. beim Vater. Alle zwei Jahre wechselte der Rhythmus und die Söhne zogen dann zum anderen Elternteil. Als wir an einer Kiesgrube vorbeikamen und ich ihr von meinem Hobby Mineralien erzählte, hielt sie spontan an, kramte in ihrem Rucksack und schenkte mir eine kleine Sandrose aus Namibia. Ich war ziemlich überrascht und bedankte mich artig. Wir gingen noch bis nach Nájera und tranken dort ein Bier, zusammen mit einer Gruppe von Freunden, die Franzie offensichtlich bereits auf dem Camino kennengelernt hatte. Unsere Wege trennten sich fortan. Mein Weg führte mich weiter zur Herberge des Jakobsvereins Nájera. Dort war für mich Boxenstopp.

Darf es auch etwas weniger sein? Vielleicht etwas weniger Komfort? Oder etwas weniger Hygiene? Diese einfache Herberge besaß viel von alledem. Aber weniger ist manchmal auch mehr! Im einzigen Schlafsaal hatten es sich etwa 60 Schlafsuchende bequem gemacht. Wer wollte, konnte sich in einem abgetrennten Bereich von einem Masseur seine Wander-Beschwerden ausmassieren lassen. Einige Pilger nutzten dieses sinnvolle Angebot. Insgesamt ging es erstaunlich diszipliniert und rücksichtsvoll zu und so konnte ich auf eine gute Nacht hoffen.

11 Das Hühnerhotel
Nájera – Grañón, 28 km am 3.5.2011

Ich machte es mir bequem. Im Pfarrgarten der Kirche von Grañón genoss ich die Stille und ließ meine Gedanken schweifen. Wie konnte ich mich so tief herablassen und mich dazu entscheiden, die Nacht in einer Kirche zu verbringen? Die dünne Gymnastik-Matte, wohlwollend als Matratze bezeichnet, war vielleicht 4 cm dick und sollte meinem Körper eine angenehme Nacht spendieren. Kopfkissen? Fehlanzeige! Dafür war das Kontingent an schmuddeligen Decken überwältigend. Ersatzweise musste mein Regenponcho, aufgepolstert mit einem Handtuch, als Notkopfkissen herhalten. Hier triumphierte die Anspruchslosigkeit in Reinkultur.

Matratzenlager in der Kirche von Grañón

Doch der Reihe nach: Meine Tagesetappe führte mich von Nájera über Azofra und Cirueña nach Santo Domingo de la Calzada, das ich mittags erreichte. Ich war ziemlich platt, allem voran meine Füße, und da ich meine Kräfte nicht weiter kannibalisieren wollte, gönnte ich mir eine großzügige Erholungspause. Köstlicher, frisch gepresster Orangensaft und einige Tapas sorgten für eine Wiederbelebung meines erschöpften Körpers. Ich befreite meine Füße von den dicken Socken und ließ sie an der Sonne und den angenehmen Temperaturen teilhaben. Nach einstündiger Pause fühlte ich mich wieder stark genug für die Fortsetzung meiner Wanderung.

Bevor es weiterging, stand noch die Besichtigung der romanisch-gotischen Kathedrale San Salvador auf der Tagesordnung. Blickfang war nicht etwa der monumentale Hauptaltar oder das Chorgestühl, sondern sie war wegen der gackernden Hühner die wohl interessanteste und außergewöhnlichste Kirche auf dem gesamten Jakobsweg. Im Gegensatz zu den vielen, auf engstem Raum in Käfigen eingesperrten Artgenossen verbringt ein weißes Hühnerpärchen hinter einer Glasscheibe auf einer Empore ein relativ ungestörtes, komfortables Hühnerdasein mit so allem Drum und Dran. Der stolze Hahn stakste in seinem großzügigen Hotel glücklich auf und ab und auch seine Gemahlin machte einen hochzufriedenen Eindruck. Leider endet das Hühnerglück schon nach zwei Wochen, denn dann wird das alte Pärchen in sein unbekanntes Schicksal entlassen und gegen ein neues Duo ausgetauscht.

Übrigens: Falls der Hahn während des Aufenthalts in der Kathedrale krähen sollte, bringt es Glück auf der weiteren Wanderung.

Die Hühner sollen an das Wunder von Santo Domingo, eine Legende aus dem 14. Jahrhundert, erinnern. Demnach pilgerte eine deutsche Familie aus Xanten mit ihrem achtzehnjährigen Sohn Hugonell nach Santiago. Auf der Zwischenstation versuchte die nach einem Mann suchende Magd des Wirtshauses, den Sohn zu verführen. Dieser widersetzte sich ihren Annäherungsversuchen, worauf sie sich für das abweisende Verhalten zu rächen versuchte. Sie steckte ihm einen silbernen Becher ins Gepäck und bezichtigte ihn des Diebstahls. Der arme junge Mann wurde verhaftet, verurteilt und sollte gehängt werden. Die Eltern erhielten eine Nachricht, wonach ihr Sohn am Galgen hänge und vom Heiligen Santo Domingo an den Beinen gestützt würde. Sie eilten sofort zum Richter, der gerade im Wirtshaus einen Hahn und ein Huhn verspeiste. Er kommentierte die Geschichte der Eltern mit einem schallenden Lachen und bemerkte, dass ihr Sohn genauso lebendig sei wie die Vögel auf seinem Teller. Kaum ausgesprochen, wuchs dem Hühnerpaar neues Gefieder und es flog krähend davon. Die Unschuld des Sohnes war damit bewiesen und die Richter des Ortes trugen fortan als Mahnung einen Strick um den Hals, der später gegen ein behaglicheres Halsband ausgetauscht wurde.

Das »Hühnerhotel« in der Kathedrale von Santo Domingo de la Calzada

Irgendwie fühlte ich heute eine Art von Hybridmotor in mir. Als die allgemeine Energiezufuhr knapp wurde, schaltete sich automatisch der Elektromotor dazu und sorgte für zusätzlichen Vorwärtstrieb. Das Zusammenspiel zwischen Muskeln, Gelenken und Sehnen glich einem perfekten System. In der Summe funktionierte mein Körper inzwischen großartig. Mein noch zu Hause gelegentlich schmerzendes linkes Knie war vollkommen beschwerdefrei. Am Berg war ich mit meinen Stöcken unschlagbar, was ein Pilger unterwegs zu spüren bekam. Als er sich näherte, um mich an einer Steigung zu überholen – und das auch noch rechts, was ja nach den Verkehrsregeln verboten ist –, aktivierte ich mal kurz meinen Turboantrieb. Nach zwei Kilometern Tempolauf war er aus meinem Rückspiegel verschwunden.

Zum ersten Mal erlebte ich in der Nähe eines Golfplatzes einen kurzen Schauer, danach folgte wieder aufgelockertes Gewölk.

Ich machte unterwegs Bekanntschaft mit vielen netten Pilgern, u.a. mit Barbara, einer gebürtigen Chilenin, wohnhaft in Pamplona, und ihrem Weggefährten Jack, einem pensionierten Polizisten aus Südafrika. Barbara war mir schon zuvor aufgefallen, sie redete in ihrer äußerst lebhaften Art wasserfallähnlich auf Jack ein und er antwortete ihr dann und wann völlig entspannt mit »Okay Baby«, »Yes, of course, Darling« oder »Oh yeah, Baby«. Die Zwei waren total sympathisch und unterhaltsam. Irgendwie spürte ich, dass sich zwischen den beiden mehr als eine Freundschaft entwickeln könnte (Anmerkung: Jack war 72 und Barbara 28 Jahre alt). Barbara versuchte mir nachdrücklich eine Übernachtung in der Kirche von Grañón schmackhaft zu machen. Doch im Moment hatte ich keine Meinung dazu.

Im 300-Seelen-Dorf angekommen, schaute ich mir zunächst flüchtig die Kirchenherberge an, um anschließend in eine Bar einzukehren. Dort gab es überraschenderweise auch den Herbergsstempel für meinen Pilgerausweis. Ich bestellte mir ein Glas Rotwein. Willst du wirklich in einer modrigen Kirche auf einer unbequemen Matratze schlafen? Derartige Gedanken kreisten in meinem Kopf herum. Ich griff nach dem Rotwein, verspeiste noch einige Erdnüsse und ließ mich einige Zeit treiben. Doch nach dem dritten Glas war mir klar, ich mach das, geht doch! Kurze Zeit später betraten auch Barbara und Jack, zusammen mit dem Holländer Chris aus Alkmaar, die Bar. Jack, frisch geduscht und seine schlohweißen Haare sportlich gestylt, gefiel sich in seiner hellen cremefarbenen Jacke und Barbara, mit leicht geschminkten Apfelbäckchen, fühlte sich in ihrem purpurroten Kleid sichtbar wohl. Bei diesem Anblick hätte man glatt annehmen können, es handele sich um ein Brautpaar, das kurz vor der Hochzeit steht.

Mit zwei Flaschen Rotwein im Arm ging ich zur Kirche zurück und richtete zunächst meine Schlafstätte her. Eine Etage höher befand sich ein wunderschöner Aufenthaltsraum. Klavier und Mobiliar in Verbindung mit der hohen, schrägen Holzbalkendecke gaben dem Raum einen stilvollen Akzent. Der offene Kamin verbreitete eine heimelige Atmosphäre. Nie und nimmer hätte ich mir vorstellen können, dass Räumlichkeiten in einer Kirche so gemütlich sein können.

Kirche von Grañón: Stillleben der Wanderschuhe

In einer abgeteilten Küche bereiteten einige Pilger unter den aufmerksamen Augen und mithilfe von zwei spanischen Hospitaleros das Abendmahl vor. Ich half beim Eindecken der Tische und stellte meinen Rotwein in Spendierlaune auf den Tisch. So auf die Schnelle lernte ich wieder einige Menschen näher kennen. Zwei Sozialarbeiter aus der

Eifel beeindruckten mich besonders. Sie kümmerten sich engagiert um zwei Jugendliche, die während der langen gemeinsamen Wanderung auf dem Jakobsweg therapiert wurden. Ein Kopftuch tragender Pilger machte den Unterschied aus. Es handelte sich um einen kleinen quirligen Basken, der sich mit seinem Markenzeichen schmückte und dem wir den Spitznamen »Pirat« verliehen. Wir wuchsen innerhalb kurzer Zeit zu einer großen Familie zusammen. Ein Mädchen gab zwischendurch eine Kostprobe ihres Könnens ab und spielte mehrere Lieder auf dem Klavier. Bei »Ballade pour Adeline« von Richard Clayderman gab's wilden Beifall auf offener Szene.

Insgesamt besaß der Abend den Hauch eines Kirchenfestes. Das dreigängige Essen schmeckte ganz vorzüglich. Nach der Vorsuppe gab es frischen Salat und Spaghetti, als Nachtisch wurden Melonen gereicht. Zusätzlich zu meinem Spendierwein tischten unsere Gastgeber noch weitere Rotweingaben auf und es folgte noch ein lustiger, unterhaltsamer Abend, der erst um 22.30 Uhr ausklang.

Am liebsten möchte ich es herausbrüllen: »Hey, Camino, merkst du es, ich bin angekommen!« Was für eine Ansage an den Jakobsweg!

Herbergsstempel

12 Der Rollstuhlfahrer auf der N120 Grañón – Villafranca Montes de Oca, 26 km am 4.5.2011

Nach einer unruhigen, weitgehend schlaflosen Nacht – ich war mal wieder von 5-Sterne-Schnarchern der allergemeinsten Sorte umzingelt – setzte ich mich nach dem Frühstück zerschlagen wieder in Bewegung. Erfreulicherweise zeigte sich das Wetter erneut von seiner Schokoladenseite und die frühen Sonnenstrahlen begannen, mir die Müdigkeit aus meinem Körper zu brennen.

Schon kurz hinter Grañón holte mich schnellen Schrittes Chris ein. Er machte seinem Ruf als »Fliegender Holländer« alle Ehre. Durch die Gespräche in der Bar und in der Kirchenherberge tags zuvor rangierte er in meiner Sympathiewerteskala weit oben. Da ich das Gefühl nicht loswurde, dass auch er mich mochte, war diese Wanderetappe wohl die Geburtsstunde einer kleinen, beiderseitigen Camino-Freundschaft.

Kurz vor Belorado meldete sich das Kontrollzentrum meiner hauseigenen Körperbatterien und forderte eine Rast ein. Chris und ich beschlossen, in Ermangelung anderer Alternativen eine Kaffeepause direkt in einer Bar an der N120, dieser ätzenden, von LKWs massenhaft befahrenen Nationalstraße, einzulegen. Dort trafen wir auch den Rollstuhlfahrer wieder, den ich bereits im Bereich Navarette kennengelernt hatte. Es war schon kurios, unter dem Strich bewegte er sich genauso schnell wie wir, denn der automatische Vorwärtstrieb seiner Räder verschaffte ihm bergab situativ klare Vorteile. Allerdings war er durch die unterschiedliche Beschaffenheit des Weges gezwungen, abschnittsweise auf die N120 auszuweichen. Trotz Warnweste und einer langen, an seinem Rollstuhl montierten Markierungsfahne bedeutete die Nutzung dieser Horrorstraße höchste Gefahr für Leib und Leben.

Den lauten Randbereich von Belorado ließen wir schnell hinter uns. Über Tosantos und Espinosa gingen wir weiter nach Villafranca.

Die letzten 500 Meter vor dem Ortseingang führten direkt auf dem Seitenstreifen der Nationalstraße entlang, was im Hinblick auf die

Sogwirkung der vorbeirauschenden LKWs nicht ungefährlich war. Die ortsansässige Herberge grenzte direkt an die verkehrsreiche Fahrbahn. Der quellende, ohrenbetäubende Lärm veranlasste uns, nach Alternativen Ausschau zu halten. Das Glück stand auf unserer Seite, in kurzer Distanz, direkt auf einem Hügel, lag das schöne Hotel San Anton Abad mit einer angeschlossenen Herberge. Das potenzielle Quartier! Willkommen in einem ordentlichen, sauberen Doppelzimmer! Die komfortable Sitzdusche mit mehreren Düsen lud zu einer längeren Verweildauer ein und die bequemen Einzelbetten signalisierten grünes Licht für eine gute Nacht.

Wie sehen eigentlich die Pflichten eines Pilgeralltags aus? Verschwitzte Klamotten reinigen sich nicht von selbst, sondern brauchen regelmäßig ein bisschen Zuwendung. Duftspuren sollen gefälligst andere Pilger hinterlassen! Ergo hieß mein Spätnachmittags-Programm: Motiviertes Waschen mit Rei aus der Tube, Wäsche auswringen und auf die Leine bringen, nach dem Trocknen wieder abnehmen und zusammenfalten. Mit Verlaub, es gibt schönere Arbeiten!

Nachdem mein Anfall von Putz- und Waschwut verklungen war, sicherten wir uns nahe der Rezeption ein Plätzchen an der schönen Hotelbar, tranken ein galicisches Estrella-Bier und ließen uns einen Tisch für unser Pilgermenü reservieren.

Nach einer Weile erschien ein deutscher Pilger mit seinem Schäferhund auf der Bildfläche. Er wollte ein zuvor gebuchtes Zimmer beziehen. Die freundliche Hotelangestellte machte ihn darauf aufmerksam, dass der Aufenthalt von Tieren in den Zimmern nicht erlaubt sei und für den Hund eine Unterkunft in einem Nebengebäude zur Verfügung stehe. Damit war der Deutsche aber nicht einverstanden, er verwies darauf, dass es sich um einen von der Polizei ausgebildeten Hund handele und alle anderen Hotels gegen eine Anwesenheit des Hundes im Zimmer nichts einzuwenden gehabt hatten. Trotz Rücksprache mit der Hotelleitung und lautstarkem Protest des Pilgers musste der Hund aber in den Stall. Später trafen wir ihn auf der Terrasse wieder. Er war nach wie vor ziemlich angefressen, akzeptierte letztendlich aber die Entscheidung. Wir waren natürlich neugierig, wie dieses Gespann mit den Gepflogenheiten des Jakobsweges zurechtkommen würde. »Im

Hinblick auf seine Ausbildung ist er sehr diszipliniert und gehorcht mir aufs Wort«, erzählte uns der Stuttgarter stolz, »und wir sind ein gutes Gespann«, ergänzte er zackig. Begegnungen mit anderen Hunden unterwegs verliefen bisher ohne Zwischenfälle. Nur eine wundgelaufene Pfote würde leichte Schmerzen verursachen, aber darauf wäre er vorbereitet. Ein kleines Lederschühchen schützte und brachte Linderung. Spezielles Futter und ein Fressnapf gehörten zum mitgeführten Rucksackinventar. Voller Sorge ging er nochmals zum recht komfortablen Stall zurück. Der Hund, ein absolutes Bilderbuchexemplar, schien den Trennungsschmerz besser als sein Herrchen zu verkraften.

Der »pilgernde« Schäferhund

Später, beim Abendessen, begrüßten wir erleichtert und erfreut auch den Rollstuhlfahrer wieder. Wir waren wirklich heilfroh, ihn hier unversehrt anzutreffen, ganz bestimmt hatte er einen guten Schutzengel an seiner Seite. Nach dem Essen gesellten sich noch zwei handfeste, geschwätzige Norwegerinnen zu uns in die allgemeine Rotweinrunde, die erst spätabends endete.

13 Das Örtchen
Villafranca – Atapuerca, 19 km am 5.5.2011

Ich schlief wie ein Murmeltier, tief und fest. Chris war ein absolut angenehmer Zeit- und Zimmergenosse. Gleich nach dem Frühstück marschierten wir energiegeladen los, zuerst steil bergauf und anschließend fast 12 km ununterbrochen durch ein ausgedehntes Waldgebiet der Oca-Berge. In dem einsamen und unbesiedelten Gelände trugen die vielen krüppeligen Eichen dichte Bärte aus Flechten und zeigten nur erste Ansätze ihres zartgrünen Laubwerks.

Unterwegs stießen wir auf Barbara und Jack. Barbara textete Jack mal wieder unaufhörlich zu und er murmelte in seiner unaufgeregten Art ab und zu »Yes, okay, hm«.

Während einer Kaffeepause in dem schönen, idyllisch gelegenen Örtchen San Juan de Ortega lernten wir Shanade aus Irland kennen. Sie arbeitete in der IT-Branche und war 46 Jahre alt. Und irgendwie formierte sich für kurze Zeit ohne Ansage ein Team, das zusammengehörte. Chris, Shanade und ich entschieden uns spontan dazu, in einer netten kleinen Herberge in der Ortsmitte von Atapuerca zu bleiben. Bis Burgos wären es noch 22 km gewesen und diese Entfernung erschien uns im Hinblick auf die noch verbleibende Zeit als zu anspruchsvoll. So war die Tagesetappe schon mittags abgeschlossen. Wie der Zufall es wollte, wählten auch die Norwegerinnen dieses Quartier als Schlafstätte aus. Damit kündigte sich vergnügliche Unterhaltung für die Abendstunden an.

Was macht man nach getaner Arbeit? Logisch, man gönnt sich das verdiente Pilgermenü in einem in der Nähe befindlichen Restaurant. Und dann? Nach dem Essen folgte der ultimative Verdauungsspaziergang durch das Örtchen. Und danach ging´s erst einmal aufs Örtchen, was ja menschlich ist.

Atapuerca zählt wegen seiner sensationellen archäologischen und paläontologischen Funde zu den wichtigsten Ausgrabungsstätten der Welt. Dabei soll es sich um Vorgänger der Gattung Homo sapiens handeln. Die gefundenen Knochen von Menschen, Hirschen, Bisons, Elefanten und Höhlenbären stammen nachweislich aus einer Zeit, die mindestens 800.000 Jahre zurückliegt. Die 12 km von Atapuerca entfernte Ausgrabungsstätte in der Sierra de Atapuerca gehört zum UNESCO-Weltkulturerbe. Die wichtigsten Funde werden im Museum der menschlichen Entwicklung in Burgos ausgestellt.

Leider ist ein Besuch der Fundstelle nur nach einer längeren Voranmeldung möglich, und nach alten Knochen war mir eh nicht zumute, die meinigen machten ja ohnehin auf sich aufmerksam.

Heute war der Tag der Entscheidung. Rund 200 km waren nun schon abgearbeitet, doch die mir zur Verfügung stehende Zeit reichte nicht mehr aus, um den gesamten Camino zu bewandern. Nach reiflicher Überlegung beschloss ich, in Burgos den Bus nach León zu nehmen. 180 Kilometer kamen so schlagartig in die Wanderspardose.

Ortseingang von Atapuerca mit paläontologischer Hinweistafel

14 Die Gazelle
Atapuerca – Burgos, 22 km am 6.5.2011

Erste zarte Sonnenstrahlen weckten mich recht früh aus meinem komaartigen Schlaf. Nach der Morgendusche war ich nicht nur hellwach, sondern auch quicklebendig. Noch ein paar lockere Dehnübungen auf der Wiese, den Rucksack geschnappt, die Stöcke aufgegabelt und auf ging es der Geruchsspur folgend zum nahegelegenen Dorfcafé. Dort gönnte ich mir ein fürstliches Frühstück mit einem perfekten Café con leche. Und um 7.30 Uhr war ich wieder Mitglied der wandernden Pilgerschaft nach Burgos.

Chris und Shanade gingen schon voraus. Auf der Hochebene Matagrande lernte ich eine 70-jährige Berlinerin kennen. Sie wohnte im Stadtteil Reinickendorf und wollte wegen ihrer ausgeprägten Sehnsucht nach Katze und Garten ihren Weg nur noch bis Burgos fortsetzen. Sie lief mit ihren langen Beinen und den schmalen Hüften wie eine Gazelle. Trotz forciertem Schweinsgalopp konnte ich ihr gnadenloses Lauftempo nur wenige Kilometer mithalten. Unglaublich, was so zähe alte Leute körperlich noch abrufen können. Da musste ich als inzwischen durchtrainierter Wanderer einfach passen. Aber ich fasste es nicht als persönliche Niederlage auf, mein eigenes Tempo begriff ich auch als Tribut an meinen geforderten Körper.

Das letzte Drittel des Weges war wenig attraktiv, die Strecke führte durch ein hässliches Industriegebiet und die Geräuschkulisse der sich anschließenden Nationalstraße störte zusätzlich. Wie schön, dass Shanade plötzlich laut rufend auf mich zugelaufen kam. Sie saß mit Chris in einer Kneipe und sah mich vorbeilaufen. Erfreut gesellte ich mich zu den beiden und bestellte mir eine Tasse Kaffee.

In der Mittagszeit erreichte unser Trio Burgos, die historisch bedeutsame Provinzhauptstadt der Region Kastilien-León. Der erste Gang führte uns zum Touristen-Büro. Dort erhielten wir einen informativen Stadtplan mit Hinweisen zu Hotels, Hostals und Pensionen. Chris und ich entschieden uns nach kurzer Suche für ein Doppelzimmer in einem ruhig gelegenen Hotel, direkt im Stadtzentrum (Hotel Jacobeo). Shanade ging weiter zu einer Herberge. Nachmittags trafen wir uns wieder. Im Schlepptau hatte Shanade ihre inzwischen wieder aufgetauchte Freundin Patricia mitgebracht. Sie war mir vom Matratzenlager in Grañón als lupenreine Hardcore-Schnarcherin noch in recht unangenehmer Erinnerung. Die geräuschvolle, schlaflose Nacht ging größtenteils auf ihr Konto. Leider hatte ich arme Socke auch noch das ungeteilte Vergnügen, direkt neben ihr schlafen zu müssen. Das (Schlaf-) Leben kann manchmal grausam sein! Doch Güte und Nachsicht gehörten zur Packliste meines Rucksackinventars und so gab es kein wirkliches Problem zwischen uns.

Blick vom Castillo auf die Kathedrale Santa Maria de Burgos

Eine Besichtigung der faszinierenden gotischen Kathedrale Santa Maria de Burgos gilt als unbedingtes Pilger-Muss. Sie zählt zu den herausragenden Kirchenbauwerken des 16. Jahrhunderts und besitzt eine auffallend schöne Architektur sowie eine beeindruckende Größe. Seit 1984 ist sie als UNESCO-Weltkulturerbe anerkannt und damit die einzige spanische Kathedrale mit diesem Prädikat. Außenhülle und Innenraum sind ein einziges Kunstwerk. Wenn man das Gotteshaus betritt, bleibt vielen Besuchern eine besondere Spezialität verborgen: Direkt in der oberen Ecke des Haupteingangs wohnt etwas versteckt Papamoscas, auch Fliegenesser genannt, eine groteske Figur, die zu jeder vollen Stunde den Mund öffnet und wieder schließt, als würde sie Fliegen essen.

Papamoscas beim Glockenschlag um 12.00 Uhr

Während der jahrhundertelangen Bauzeit der Kathedrale taucht auch der Name eines deutschen Baumeisters auf. In Anlehnung an die ihm bekannten Pläne vom Dombau in Köln war Juan de Colonia für die Vollendung der Kathedraltürme mit offenen Steinmetzarbeiten verantwortlich. Eine äußerliche Ähnlichkeit mit den himmelragenden

Türmen des Kölner Doms ist, wen wundert's, daher unübersehbar.

Die beeindruckenden Bilder der Kathedralbesichtigung vor Augen, bummelten wir zum Castillo, einer Burganlage, die aber leider schon geschlossen war. Dafür wurden wir mit einem atemberaubenden Ausblick auf die ganze Stadt entschädigt.

Richtig gut essen kann man in Spanien erst ab 21.00 Uhr, und das war mit unseren Essgewohnheiten nur schwer in Einklang zu bringen. Dem aufkommenden Hunger war es geschuldet, dass mal wieder ein Touristenmenü, diesmal in einem Straßencafé, für Sättigung sorgen sollte. Chris und ich formierten zweckdienlich einige Tische zusammen und studierten die Speisekarte. Es dauerte nicht lange, bis noch zwei weitere Pilger danach fragten, ob sie sich zu uns setzten dürften. Natürlich hießen wir die beiden in unserer Runde willkommen. Nathalie kam aus Belgien und Terry aus Australien. Wie immer entwickelte sich schnell eine angeregte Unterhaltung. Die 28-jährige Nathalie besaß Weltenbummler-Gene in ihren Adern und erzählte uns von ihrer Tätigkeit als Reiseleiterin in Kenia, Mexiko und Ägypten. Seit einem halben Jahr war sie erneut in der Weltgeschichte unterwegs und »mal eben« in Tibet, Indien und Bhutan. Ihre Wanderung auf dem Camino widmete sie ihrem kürzlich verstorbenen Cousin.

Terry, ein drahtiger Workaholic, hatte seine florierende Firma kürzlich gewinnbringend veräußert und wollte ein kreatives Sabbatjahr einlegen, neue Kraft tanken und sich in aller Ruhe Gedanken über neue Ziele machen.

Der Abend endete mit einem Bummel durch die Altstadt in Verbindung mit der obligatorischen Einkehr in verschiedenen Tapas-Bars.

Bei meinem zweiten Besuch in 2013 erlebte ich hinreißende Momente in einer Musikbar. Daher ein ganz besonderer Tipp am Rande: Wenn es die Zeit erlaubt, sollte ein Abendbesuch in der typisch spanischen Musikbar Tapillas, Calle Calera, obligatorisch sein. Sie dürfte nur unter Insidern bekannt sein. Hier spielt sich in Reinkultur die Musikszene von Burgos ab. Alt und Jung tanzen, singen und klatschen vollkommen ungezwungen in Begleitung wilder Gitarrenklänge.

15 Die Kaffeemalerin von Burgos
Burgos – León Busfahrt, 180 km am 7.5.2011

Chris brach um 7.00 Uhr auf und wir lagen uns in den Armen, als wir uns voneinander verabschiedeten. Es schmerzte mich sehr, ihn allein ziehen lassen zu müssen. Vier Tage kannten wir uns nur, aber sie reichten, um eine freundschaftliche Beziehung entstehen zu lassen. Vielleicht waren es einige Parallelen aus unserem Leben, die uns näher als gewohnt brachten. So fuhren wir beide in den 60er Jahren eine coole Kreidler Florett. Auch sein beruflicher Ausstieg ähnelte dem meinigen: Als Leiter einer Postfiliale verabschiedete er sich vor fünf Jahren durch einen Aufhebungsvertrag vorzeitig aus dem Berufsleben. Chris liebte und lebte seine neu gewonnene Freiheit und steckte voller Pläne. In einem Anflug von Abenteuerlust radelte er bereits mit dem Fahrrad von Alkmaar bis nach Santiago. Weitere Einsätze auf diversen Jakobswegen sollten folgen. In unserer Lebenseinstellung waren wir in vielen Dingen seelenverwandt. Es war eine schöne Erfahrung, ihn kennengelernt zu haben.

Gleich nachdem ich gefrühstückt hatte, verließ ich das Hotel und schlenderte noch ein wenig durch die Stadt. In einer der zahlreichen Konditoreien kaufte ich eine Tagesration kleiner Leckereien und verstaute sie im Rucksack. Leider hatte ich im Busbahnhof nicht das angestrebte Ticket für den Bus, der um 11.30 Uhr nach León fahren sollte, bekommen. »Ausgebucht«, war die knappe Antwort der Kratzbürste hinter dem Schalter. Auf unliebsame Weise musste ich mal wieder feststellen, dass das Leben manchmal kein Wunschkonzert ist! So plante ich eben anders, kaufte mir Briefmarken und Karten, setzte mich in ein Café und freute mich über den leckeren Café con leche und das ebenso leckere Stück Kuchen. Die Cafébesitzerin porträtierte mir mit einem Zahnstocher und viel Geschick ein Herz-Gesicht in den aufgeschäumten Kaffee. Sie war überaus freundlich und brachte mir anschließend noch eine Praline. So saß ich bei Mai-Regen in diesem schönen Café, schrieb Ansichtskarten, vervollständigte mein Tagebuch und studierte in meinem Wanderführer die nächsten Etappen. Die Post residierte direkt gegenüber und somit war die schnelle Weiterleitung meiner Caminogrüße sichergestellt.

Doch schon bald lief ich wieder los, mein innerer Trieb ließ mich nicht ruhen. Ich ging auf Entdeckungstour. Es regnete fast ununterbrochen. In einem Souvenirladen kaufte ich mir ein schwarzes Lederarmband mit einer silbernen Jakobsmuschel und trug es fortan als sichtbares Zeichen meiner Verbundenheit an meinem rechten Arm.

Das lachende Kaffeeherz

In der Unterführung des mittelalterlichen Stadttores spielte ein Geiger die Titanic-Titelmelodie »My heart will go on«. Ich verharrte, hörte ihm mit geschlossenen Augen zu. Es dauerte nicht lange, bis mir Tränen über die Wangen kullerten. Meine Gefühle überwältigten mich. Ich heulte wie ein Schlosshund. Ich dachte über meine berufliche Vergangenheit und über meine Entscheidung, der Bank Ade zu sagen, nach, und kam zu der Erkenntnis, es war das Beste, was mir jemals passieren konnte. Ich fühlte mich frei, endlich von diesen elenden Berufsfesseln befreit! Im Moment war ich sehr glücklich.

Musik ist der Weg zum Herzen:
Mein »André Rieu« vor dem Stadttor in Burgos

Doch wie in einem inszenierten Spielfilm schüttete mein Hirn plötzlich Erinnerungen mit der Gießkanne aus. Es sollte wohl so sein, dass ich in diesem Moment meinen zum Schluss ungeliebten Beruf aufarbeiten sollte. Meine berufliche Laufbahn begann 1975. Ich war hungrig auf Karriere und durstig nach einem schnellen Aufstieg. Dank eines Mentors gelang es mir in wenigen Jahren, im Eiltempo einige Sprossen meiner Karriereleiter zu überspringen. Schon mit 32 Jahren konnte ich in der oberen Führungsetage anklopfen. Ich war zu diesem Zeitpunkt hoch motiviert, das Credo der Bank war meine Religion und auch innere Passion. Die Interessen der Bank bestimmten meinen Lebensrhythmus und überlagerten auch die Interessen meiner Familie. Ich war erfolgreich und lebte ein ausgeprägtes Corporate Identity. Diverse Krisen und weltwirtschaftliche Veränderungen setzten auch meine Bank unter Zugzwang. Junge Vorstände, nicht praxiserprobt, dafür aber mit Elitestudiengängen, besten Examensnoten und noch besseren Referenzen übernahmen mehr und mehr das Ruder. Natürlich wussten die Akademiker alles besser, schließlich hatten die ja richtig was auf dem Kasten. Meint man. Die Ertragserlöse mussten Jahr für Jahr gesteigert werden, neue Vertriebsmodelle wurden kreiert und eingeführt. Der Druck auf die Mitarbeiter wurde erhöht. Strukturierte Vertriebsmuster lösten das gewohnte Verkaufsgeschäft ab. Der systematische Strukturvertrieb war somit »hochwohlgeboren«. Immer neue Produkte aus den Hochleistungs-Brutstätten der Zentrale fanden den Weg in das Vertriebsschienennetz der Filialen. Manchmal waren diese Produkte auch für den Berater nur schwer zu durchschauen. Und neue Absatzprodukte mussten sich rechnen, also wurden die Verkaufszahlen auch artig kontrolliert. So langsam überwogen in mir die Zweifel. Ich teile nicht die Ansicht, dass Arbeit Spaß machen muss, schließlich sind wir keine Spaßgesellschaft, aber Arbeit muss aus- und erfüllend sein. Und das war sie für mich nicht mehr, denn meine Wertevorstellungen und die der Bank waren inzwischen von Unterschieden geprägt. Die Belastungen hätten möglicherweise auf meine Gesundheit übergegriffen, doch mit ein wenig Glück und guten Beziehungen konnte ich meinem Schicksal entgehen und vorzeitig aus dem Berufsleben ausscheiden. Dafür bin ich dankbar.

Wie schön, dass der Spielfilm für mich mit einem Happy End endete. Ich kehrte in das Café zurück, um noch eine weitere Karte zu schreiben. Erneut bestellte ich einen Kaffee, dazu Gebäck. Die Caféinhaberin malte mir wieder ein Kunstwerk – diesmal eine Blume – in den aufgeschäumten Kaffee. Ich war begeistert und wollte sie mit einem Kompliment erfreuen. Krampfhaft suchte ich in meinem Wörterbuch nach der richtigen Vokabel. Endlich gefunden, »estupendo«, was »super« bedeutete. Sie strahlte mich an, ging zu einem der Tische und bat eine vornehm gekleidete Dame mit mir zu sprechen. María war Lehrerin, studierte vor vielen Jahren in München und unterrichtete Deutsch an einer Schule in Burgos. Ich bat sie, der »Kaffeemalerin«

meine überaus große Begeisterung für ihr künstlerisches Talent zum Ausdruck zu bringen. Auf diese Weise erfuhr ich, dass die Caféinhaberin und eine weitere Kollegin Geschwister waren und auch schon mal im Café zur Gitarre griffen und dabei sangen. Zu einer Kostprobe ließen sie sich zwar nicht hinreißen, aber mit dem charmantesten Lächeln der Welt überreichte mir eine der beiden Damen eine Visitenkarte mit einer persönlichen Widmung. Ich war gerührt. Letztendlich musste nur noch ein gemeinsames Foto gemacht werden. Schließlich wollte ich diese überaus nette und ungewöhnliche Begegnung bildlich verewigen. Dieses freundliche Café werde ich nie vergessen: Cafeteria Silma, San Pablo 7 in Burgos. Als ich herausging, fragte ich mich, wie mein Tag wohl verlaufen wäre, wenn ich den ursprünglich geplanten Fernbus um 10.30 Uhr bekommen hätte.

Bei der Niederschrift dieser Zeilen in meinem Tagebuch kullerten mir erneut unentwegt Tränen die Wangen herunter. Ich spürte ein nie gekanntes Glücksgefühl, das lawinenartig meinen ganzen Körper durchdrang. Die himmlische Vorsehung meinte es wirklich gut mit mir.

Ein vergessener Damenschuh auf einem Bürgersteig in Burgos

Um 15.00 Uhr begab ich mich zum Busbahnhof. Der Bus fuhr pünktlich los. Im Bus traf ich einen jungen Deutschen, der sich sehr negativ über den Jakobsweg äußerte. Er sei vollkommen überlaufen, in den Bars seien die Ober unfreundlich und man könne nur auf Zeit essen, giftete er. Er wolle den Camino möglichst bald zu Ende bringen und sei froh, wenn alles vorbei sei. Derartige Schilderungen waren mir vollkommen fremd, ich hatte genau das Gegenteil erlebt. So wie ich ihn mit seinem eigenbrötlerischen Charak-

ter einschätzte, stand er sich selbst und auch dem Camino im Wege. Miesepeter gehören nicht auf den ehrwürdigen Jakobsweg und eine dermaßen negative Grundeinstellung bestraft der Weg auf seine eigene Weise!

Nach zweistündiger Fahrt erreichte der ALSA-Bus pünktlich um 18.30 Uhr León. Die Kathedrale fand ich auf Anhieb, nur das Touristen-Büro schien wie vom Erdboden verschluckt worden zu sein. Erst im dritten Anlauf erkannte ich anhand der runtergelassenen Jalousien, dass es schon geschlossen war. Ich fragte verschiedene Passanten nach der Herberge, wobei ich erneut ernüchtert feststellen musste, dass nur wenige Spanier englisch sprechen. Endlich begegnete ich einem spanischen Touristen, der mich einigermaßen verstehen konnte. Er begriff meine Situation sehr schnell und schenkte mir netterweise seinen Stadtplan. In einem Geschäft ließ ich mir den Standort der Herberge erklären. Letztendlich begleitete mich noch eine freundliche, betagte Spanierin die letzten 200 Meter bis zur Benediktinerherberge. Die Herberge machte alles andere als einen guten Eindruck und stellte noch nicht einmal Kopfkissen für die Etagenbetten zur Verfügung. Durch die langwierige Sucherei war ich aber zu genervt, um noch nach einer anderen Alternative Ausschau zu halten.

Nach der Bettbelegung erfasste mich das Bedürfnis, anständig zu speisen. Gleich in der Nähe fand ich eine geeignete Bar, wo ich für kleines Geld sehr gut essen konnte. Nach kurzer Durchsicht der Menükarte entschied ich mich für Spaghetti als Vorspeise, Fisch als Hauptgericht und Pudding mit Sahne als Dessert. Dazu gab es obligatorisch Wasser und Rotwein. Alles schmeckte sehr gut.

Viel Zeit stand mir nicht zur Verfügung, denn ich wollte noch an der beliebten Gebetsmesse der Benediktinerinnen teilnehmen und mich mit geistiger Nahrung füllen. Ich bezahlte und ging zur Herberge zurück. Später, auf dem Weg zur Klosterkirche, eilte auf einmal der nette Kellner aus der Bar auf mich zu und übergab mir den vergessenen Plastikbeutel, der einige zuvor gekaufte Lebensmittel enthielt. Wie konnte er bloß ahnen, dass ich genau in diesem Moment mit Dutzenden von anderen Pilgern aus der Herberge komme? Die Antwort weiß wohl ganz allein der Wind.

16 Schnappatmung
León – Villar de Mazarife, 22 km am 8.5.2011

Was für eine entsetzliche Nacht! Der Schlafsaal, der mit ca. 50 Männern – die Benediktinerinnen pflegen eine strikte Geschlechtertrennung – belegt war, beherbergte wohl 49 »Schnarchnasen«. Wie nicht anders zu erwarten, befanden sich die »5-Sterne-Schnarcher« allesamt in meiner unmittelbaren Nähe. Außerdem war der Mief zum Schneiden. Sauerstoff mögen die Benediktinerinnen wohl nicht. Multipliziert wurde die entzückende Nachtruhe durch Dauerfurzer und Huster. Da kannst du dir die Ohropax bis ins Gehirn drücken, dieser Geräuschcocktail war beim besten Willen nicht zu unterdrücken. An Schlaf war jedenfalls nicht zu denken. Diese furchtbare Herberge war in der Summe nichts anderes als eine Form der modernen Massentierhaltung!

Schlafsaal Refugium der Benediktinerinnen

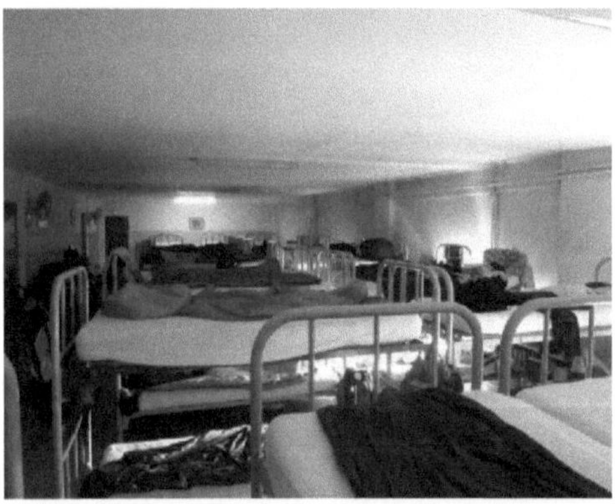

Wie gerädert bewegte ich mich um 6.00 Uhr zum Waschraum. Der Oberschnarcher schnarchte immer noch und der Obervergaser, der wohl innerlich schon am Verfaulen war, stank immer noch vor sich hin, als ich den Ort des Grauens fluchtartig verließ. Nach einem kurzen, kostenlosen Frühstück in der Herberge machte ich mich endgültig um 6.50 Uhr zerknirscht und mit dicken Augen auf den Weg. Erstes Ziel war die Kathedrale. Sie war natürlich in der Frühe noch nicht geöffnet und so musste ich mich zu meiner Enttäuschung mit einem äußeren Rundgang begnügen. Nicht immer frisst also der frühe Vogel den begehrten Wurm!

Kathedrale in León

Ich nahm Abschied von der wohl schönsten gotischen Kathedrale Spaniens und begab ich mich wieder in mein »Laufrad«. Die ersten Kilometer waren nicht besonders interessant, die Vororte hinterließen eher einen heruntergekommenen Eindruck. In Oncina de la Valdoncina fiel mir ein altes Baufragment samt Storchennest mit Inhalt auf, das ich sofort zum Fotomodell des Tages kürte. Auf der Suche nach einer geeigneten Verweilgelegenheit stellte mir eine nahegelegene Friedhofskapelle freundlicherweise noch eine Bank zur Verfügung.

Kurz vor der Ortschaft Chozas de Abajo lernte ich flüchtig ein älteres südkoreanisches Ehepaar kennen. Eine Sitzgelegenheit an einem schönen Brunnen in Chozas animierte mich erneut zu einer Pause. Bald darauf erschien auch die Koreanerin und setzte sich zu mir auf die Holzbank. »Where is your husband?«, fragte ich sie verwundert. »He's sitting in the bar drinking beer«, zischte sie ein wenig frustriert. Sie war nicht besonders gesprächig, offensichtlich schmollte sie. Ich aß mein Käsebrot. Nach einigen Minuten schaute ich ihr nachdenklich in die Augen und sagte: »I think, it's a good idea to look for your husband!« »Sure, I will look for him«, grinste sie mich gequält an, stand kurze Zeit später im Zeitlupentempo auf und verabschiedete sich mit den Worten: »Maybe it will be difficult to walk further!«

Fotomodell Weißstorch

Betankt mit frischen Kräften setzte ich meine Wanderung fort. Trotz permanenten Gegenwindes von 5 bis 6 Beaufort erreichte ich Villar de Mazarife schon um 14.00 Uhr. Eigentlich hatte ich mir das Refugio de Jesus als Bleibe ausgesucht, aber ein freies Einzelzimmer blieb dort unerfülltes Wunschdenken. Ich fahndete nach einer Lösung. Also ging ich zur Straße zurück und wandte mich an die dort ansässige Herberge San Antonio de Padua. Alle Einzelzimmer seien vergeben, aber ein Doppelzimmer sei noch frei, meinte die Herbergsmutter. Ehe ich irgendeine Entscheidung treffen konnte, fragte mich eine ältere, neben mir stehende deutsche Pilgerin, ob wir es nicht zusammen nehmen sollten. Ein gemeinsames Zimmer mit einer wildfremden Frau? Ich war ziemlich verdutzt, willigte, nachdem ich einen Anflug von »Schockstarre« in Kombination mit hektischer »Schnappatmung« nur knapp unterdrücken konnte, jedoch ein. Es gab wohl auf beiden Seiten keine Befürchtungen. Christa, so hieß die Dame, war übrigens der Meinung, nicht zu schnarchen, was für mich natürlich Bedingung war.

Den Waschservice des Hauses, eine Waschmaschinen-Füllung für 3 Euro, nahm ich gerne in Anspruch. So konnte ich fast meine gesamte Wäsche auf einen Schlag reinigen lassen. Draußen aufgehängt ließ der nach wie vor böige Wind die Teile schnell trocknen. Allerdings nutzte meine beste Unterhose ihre falsch verstandene Freiheit zu einem unerlaubten Ausflug aus. Erst nach einer längeren Such- und Kletteraktion – sie hing als Fahne in einem Obstbaum in einem benachbarten Garten – konnten wir dann Wiedersehen feiern. Für dieses unentschuldbare Fehlverhalten wurde sie von mir brutal mit erhöhter Inanspruchnahme bestraft.

Aus meinen mitgeführten Engelskarten zog ich die Karte »Streben und Gelassenheit«. Ich wollte mich zwar nicht neu erfinden, aber das Thema Gelassenheit war ein absoluter Schwachpunkt bei mir. »Gelassenheit bringt inneren Frieden und Ausgeglichenheit« stand u.a. auf der Engelskarte. Ich hatte verstanden, das musste auf meine »Festplatte«. Auch wenn ich nicht mehr der Jüngste bin, so besitze ich immer noch den Ehrgeiz, meine Stärken weiter zu stärken und meine Schwächen weiter zu schwächen.

Werbetafel der Herberge San Antonio de Padua

17 Die Achterbahn
Villar de Mazarife – Astorga, 32 km am 9.5.2011

Nach der grauenhaften Übernachtung in León wurde ich mit einer wohltuenden Nacht mit tiefem Schlaf entschädigt. Christa war zwar eine ruhige Zimmerpartnerin, aber ansonsten stimmte die Chemie nicht besonders. Sie stammte aus München und arbeitete im Finanzwesen eines großen Konzerns. Mehr war aus ihr nicht heraus zu kitzeln. Sei's drum, wir hatten schließlich keinen Vertrag miteinander, wir teilten nur aus kommerziellen Gründen ein Zimmer und nun trennten sich unsere Wege wieder.

Nach dem guten Frühstück in der Herberge zog ich um 7.40 Uhr los. Das Wetter war mal wieder großartig, die Sonne schien, der tags zuvor sturmartige Wind hatte sich gelegt und eine innere Freude kehrte in mir ein.

Schon bald traf ich das koreanische Ehepaar wieder. Sie stammten aus der Gegend von Seoul. Soh, so hieß er, war überaus gesprächig. Gut möglich, dass er unterwegs wieder ein Bierchen getrunken hatte. Wir unterhielten uns über sein Land und dessen Probleme. Soh betrachtete die Situation zwischen Süd- und Nordkorea als ernst und glaubte nicht an eine Wiedervereinigung nach deutschem Muster. Er meinte, dass Nordkorea die Dunkelkammer der Welt sei und insbesondere Russen und Chinesen durch den intensiven Außenhandel Garanten für das Fortbestehen des Regimes unter Kim Yong Il seien.

Und schließlich holte ich auch Ingrid und Anneliese aus Inzell wieder ein, die ich in der Herberge am Vorabend bereits kennengelernt hatte. Ingrid war bis zu ihrer Pensionierung als Lehrerin tätig gewesen und galt als richtiges Sprachtalent. Sie sprach fließend englisch, italienisch, französisch, spanisch und sogar rumänisch. Das hatte seinen Grund, denn in ihrem großen Haus war sie im Winter regelmäßig Gastgeberin für die rumänische Eisschnelllauf-Nationalmannschaft.

In Hospital de Órbigo überquerte ich eine auf 20 Bögen gestützte mittelalterliche Brücke römischen Ursprungs, die den Rio Órbigo überspannte. Sie wurde gerade fachmännisch restauriert und ist eine große Attraktion in dieser Ortschaft. Sie gilt mit ihren 300 Metern als die längste Brücke auf dem gesamten Jakobsweg. Am Ortsende entschied ich mich für die Variante Señalizado. Diese alternative Wegstrecke vermeidet den Kontakt zur berüchtigten N120. Eine nette ehemalige Arbeitskollegin und ein guter Freund riefen mich im Tagesverlauf an, worüber ich mich sehr freute.

Am Stadtrand von Astorga stieß ich auf eine achterbahnähnliche Fußgängerbrücke. Sie führte über eine vielbefahrene Bahnstrecke und man konnte »sich einen Wolf laufen«, um auf die andere Seite zu gelangen. Trug das eigenwillige stählerne Bauwerk eher die Handschrift eines Künstlers oder eines Konstrukteurs? Vermutlich war es ein künstlerisch begabter Konstrukteur!

Mut zur Brücke: Die »Achterbahn« von Astorga

Seitenansicht Museo de los Caminos

Gegen 17.00 Uhr erreichte ich nach fast neunstündigem Marsch mit nur einstündiger Pause das Stadtgebiet von Astorga. Enttäuscht musste ich mal wieder zu Kenntnis nehmen, dass die Leute im Touristen-Büro um diese Zeit keine Lust mehr auf Arbeit hatten. Was für ein widriges Verhalten in einer so bedeutenden Touristenstadt. Nicht schlimm genug, auch mein Versuch, die Kathedrale zu betreten, scheiterte an geschlossenen Toren. Der Bischofspalast, der von Antoni Gaudi, dem genialen katalanischen Baumeister des 20. Jahrhunderts, erbaut wurde und seit geraumer Zeit als Museum genutzt wird, öffnet montags gar nicht. Zum ersten Mal war ich richtig »sauer«.

Eine Herberge kam für mich heute nur im Notfall infrage, sie erhielten nach Ansicht meines Wanderführers kein gutes Urteil. Also musste irgendwo ein Hotel oder eine Pension her, aber wo? Instinktiv fand ich eine geeignete Lösung. In der Herberge San Javier, die in der Nähe der Kathedrale lag, fragte ich nach einem Einzelzimmer. Es waren aber nur noch wenige Plätze in 6-Bettzimmern frei. Das war jedoch nicht das, wonach ich suchte. Alternativ fragte ich nach einer anderen günstigen Bleibe. »Versuche es in der Calle San Javier Nr. 17«, sprudelte es aus der netten Deutsch sprechenden Herbergsmutter heraus. Ich bedankte mich artig für den Tipp. Das Gebäude befand sich direkt um die Ecke. Es handelte sich um ein apostolisches Missionshaus. Nach dem Klingeln meldete sich eine krächzende, weibliche Stimme aus der Gegensprechanlage und quasselte irgendetwas Unverständliches in ihrem spanischen Gemurmel. Ich entgegnete nur »Peregrino« und schon öffnete sich die Eingangstür. Eine alte Dame zeigte mir mein Gemach, ich konnte es nicht glauben, ein sauberes, großes, gut ausgestattetes Zimmer mit Bad, Badewanne und Bidet zu einem Spottpreis. Das war für einen abgekämpften Pilger genau das Richtige! Die Badewanne wurde von mir sofort zum Erholungstempel ernannt. Nach den Strapazen der vorangegangenen Tage sehnte ich mich nach einem ausgiebigen und heißen Entspannungsbad. Schnell den Kran aufgedreht, aus den Klamotten herausgeschält und nach einigen Minuten mit voller Inbrunst rein in den Quell der Freude! Ich genoss die angenehme Wärme in unendlicher Dankbarkeit. Bei der Betrachtung meines langgestreckten Körpers fielen mir zwischen dem oberen Oberschenkel und der Hüfte richtig neu gebildete Muskelpartien auf. Genau dieses Kraftzentrum kümmerte sich also mit voller Hingabe um jedes Kilogramm meines schweren Rucksacks. Der Körper, ein Wunderwerk der Natur oder höherer Kräfte des Universums, wer weiß das schon?

Irgendwie hatte ich den Eindruck, vom Camino akzeptiert worden zu sein. Ich achtete und respektierte ihn mit all seinen wunderbaren Facetten. Wir vereinigten uns, wir waren zu einem Paar verschmolzen, wir gaben und nahmen für- und voneinander, wir verstanden uns als zweckdienliche, spirituelle, manchmal auch mystische Lebens- und Schicksalsgemeinschaft.

Das Leben als »Weg« zu verstehen, das begreift man spätestens auf dem Jakobsweg. Unterwegs war ich einer von vielen Suchenden. Auf der Suche nach mir selbst fühlte ich mich ein beträchtliches Stück vorangekommen.

18 Die netten Menschenfischer
Astorga – Rabanal, 21 km am 10.5.2011

Nach einer guten Nacht setzte ich um 8.30 Uhr meine Füße wieder auf den Camino. In dem Dörfchen Murias de Rechivaldo animierte mich der idyllische Innenhof der Herberge Las Aguedas zu einer kurzen Pause, natürlich nicht ohne einen guten duftenden Café con leche zu trinken.

Mich erfüllte auf einmal das Bedürfnis mit meinem ehemaligen Lieblingschef aus meiner beruflichen Banker-Zeit zu telefonieren. Also kramte ich mein Handy heraus und rief ihn an. Ludwig und mich einte ein inneres Band der Sympathie. Wir pflegten das gleiche Gedankengut, schätzten uns und zogen immer an einem Strang. Leider wurde das schöne Band der Sympathie schon nach 3 Jahren zerschnitten. Durch eine Versetzung endete unsere gute Zusammenarbeit. Aber die Verbundenheit blieb. Er erzählte mir von seinen neuen privaten Plänen und von einigen sich abzeichnenden Veränderungen in der Bank. Mal wieder! Und nach den Veränderungen kommen dann meistens wieder die neuen Erkenntnisse und dann folgt wieder die nächste Veränderung. Welch ein grausames Thema! Aber ich hatte es für mich abgehakt! Wir telefonierten etwa 15 Minuten miteinander und versprachen, uns bald zu treffen. Ich bezahlte meinen Kaffee und setzte mich wieder in Bewegung.

Das Wetter zeigte sich von seiner absoluten Schokoladenseite, wolkenlos, angenehme 24 Grad und auch meine Lauflaune befand sich auf optimaler Betriebstemperatur. Wandern ist eine wunderbare Art der Fortbewegung, die einfachste Übersetzung lautet: Laufen macht frei und erzeugt eine herrliche Aufbruchsstimmung. Frei, schwerelos, vor allen Dingen allein wollte ich jetzt sein. Allein mit mir und meiner Seele.

Die Naturschönheit der schneebedeckten Bergkämme der Montes de León ergoss sich im gleißenden Sonnenlicht. Der aufkommende leichte Wind wirkte wie Atem. Weit und breit war kein Pilger zu sehen.

Im Moment war der Camino mein Privatweg. In der Wonne der Einsamkeit fühlte ich eine geheimnisvolle, berauschende, berührende Spiritualität. Auf der Reise in mein Inneres setzte ich mich erstmals in meinem Leben so richtig mit diesem Thema auseinander. War es nicht inzwischen ein Modewort für alles Mögliche geworden? Was bedeutet Spiritualität nach meiner persönlichen Lesart? War es das gedankenversunkene Wandern in Begleitung der freien und überlegenen Kräfte der Natur? Oder war es die phänomenale Fähigkeit des Jakobsweges, mir etwas einzugeben, ja, mir bestimmte Botschaften zu übermitteln? Reichlich fragende Antworten! Um mehr zu erfahren, wandte ich mich sinnlich an die Natur und bat sie um ihre Meinung! Sie orakelte vielsagend: »Du bist auf einer Reise und möchtest dich an den Urquellen meiner wohlgehüteten Geheimnisse laben. Ich lade dich ein, an meinen Blumen zu riechen, die Bäume zu umarmen, mit den Vögeln zu singen, mit dem Wind zu reden und mir die Hand zu reichen! Vereine diese Gedanken und tue wohl daran!« An Blumen riechen? Bäume umarmen? Mit Vögeln singen? Kam mir irgendwie bekannt vor! Hatte ich das nicht schon ansatzweise gemacht? War ich jetzt dem Geheimnis der Spiritualität auf der Spur? Gelang es mir endlich diese schwierige Begrifflichkeit zu decodieren?

Eine ganz andere Art der Spiritualität nahm ich durch Gottes ständige Nähe wahr. Die vielen ungewöhnlichen Geschehnisse, die ich erlebt hatte und womöglich noch erleben würde, konnten aus meiner Sicht nur von »oben« gesteuert worden sein und waren für mich rational nicht zu erklären. An Zufälle wollte ich jedenfalls nicht mehr glauben, eher an gezielte Lenkung.

Eigentlich stellte ich meine innere Uhr heute Morgen auf Foncebadón, aber es sollte anders kommen. In Rabanal del Camino stand Christa in der Eingangspforte der Albergue La Senda. Als ich mich näherte, winkte sie mir freundlich zu. »Gerade war noch ein Zimmer mit Doppelbett frei«, grinste sie mich zielorientiert an. »Doppelbett? Das geht gar nicht«, dachte ich bei mir und meine innere Abwehr ließ mich heftig zusammenzucken. Die wiederum eintretende, diesmal stärkere »Schnappatmung« verhinderte eine schnelle Reaktion. Die Herbergsmutter sah wohl meine nervösen Zuckungen und reagierte bravourös mit den Worten: »no hay más habitación doble libres«, was so viel wie »kein Doppelzimmer mehr frei« bedeutete. Nur eine kleine Vierbettkammer war noch zu haben. Ich lachte mir klammheimlich ins Fäustchen. Christa schaute ziemlich bedröppelt drein. Neben uns stand die blonde Sophia aus Mainz. Ich blickte sie an. »Kannst du dir vorstellen, dir das schönste Bett in einem Vierbettzimmer auszusuchen«, umwarb ich sie fast schon zustimmungsfordernd. »Ja, das wäre o.k.«, meinte sie etwas wortkarg. Und so war die Zusammensetzung des bevorstehenden Nachtlagers beschlossene Sache. Zu dritt ein Vierbettzimmer war wahrhaft keine schlechte Lösung.

Am Nachmittag lernte ich Gerd aus Köln kennen. Wir tranken einige Bierchen und verbrachten unterhaltsame Stunden miteinander. Gerd gehörte der Gattung der Jäger und Sammler an. Seine Spezialität waren Fotos von jungen Frauen, die er auf seiner Wanderung getroffen oder kennengelernt hatte. Stolz zeigte er mir auf seiner Digitalkamera eine kleine Auswahl seiner verschiedenen »Modelle«, allen voran eine sehr attraktive dunkelhaarige deutsche Schönheit, die er Monalisa taufte. Und es dauerte nicht lange, da wurde ich Zeuge von Gerds fotoakquisitorischem Talent. Eine junge, hübsche Radpilgerin wollte gerade mit ihrem Mountainbike an uns vorbeifahren. Lautstark rief Gerd: »Hola, hola!« und winkte ihr vehement zu. Ich traute meinen Augen nicht, sie stieg tatsächlich von ihrem Rad ab und kam schnurstracks auf uns zu. Leider sprach sie nur spanisch und so war eine Verständigung nur begrenzt möglich. Aber es reichte, um sie zu einem Foto zu bewegen. Gerd strahlte, seine Fotoserie erfuhr eine weitere Steigerung. Auf ihr Fußballtrikot angesprochen, konnten wir ihr noch entlocken, dass sie in einer Frauenfußballmannschaft des FC Barcelona spielte. Und auf einmal bimmelte ihr Handy. Wir konnten zwar nichts verstehen, doch gefühlsmäßig musste es sich um einen heftigen Flirt gehandelt haben. War etwa Lionel Messi am anderen Ende der Leitung? Raum für Spekulationen war jedenfalls gegeben. Alsbald verabschiedete sich die nette Radfahrerin und brauste davon.

Frühabends, nach dem Einkaufen, schlenderten wir durch das 30-Seelendorf und gingen zur Kirche. Gerade in diesem Augenblick kamen zwei Benediktinermönche aus dem Kloster und sprachen uns an. Wie sich herausstellte, waren es Deutsche. Sie besaßen eine unaufdringliche, natürliche Freundlichkeit und eine ungemein starke Ausstrahlung. Wir wurden fast wie von einer Angel herangezogen. Waren es etwa Menschenfischer von Gottes Gnaden? Ganz gewiss nicht, aber Werbeträger für ihren Orden waren sie allemal! Der ältere Mönch war 70 Jahre alt, sah aber eher wie 60 aus und kam gerade aus Nairobi, wo er viele Jahre als Missionar tätig gewesen war. Altersbedingt bat er seinen Abt um eine leichtere Aufgabe, was durch die Versetzung nach Rabanal auch recht schnell realisiert wurde. Seit Februar lernte er spanisch, erstaunlicherweise auch per Internet. Es fiel mir schwer zu glauben, dass er bereits auf Spanisch predigen konnte. Dieser Mann zählte wohl zu der Gilde der Sprach-Genies. Der andere Mönch war 47 Jahre alt und besaß ebenfalls eine interessante Vita. Er war gelernter Bäcker und Konditor und trat mit 19 Jahren dem Orden bei, machte dort sein Abitur und studierte anschließend Theologie. Zunächst betätigte er sich als Religionslehrer und erhielt später eine Berufung als Internatsleiter. In naher Zukunft erwartete ihn eine Aufgabe als Mönch in Südkorea. Er war ein auffallend jovialer Typ, mit dem man auch gerne ein Bier an der Theke trinken würde.

Um 19.00 Uhr begann eine Gebetsmesse, an der Gerd und ich teilnahmen. Ich war obenherum nur mit einem Poloshirt bekleidet und eigentlich hätte ich bei 16 Grad in der Kirche vor Kälte bibbern müssen, aber das Gegenteil war der Fall. Irgendjemand spendierte mir eine unsichtbare Thermoschicht zwischen Körper und T-Shirt, die es mir ermöglichte, am Gottesdienst wohltemperiert teilzunehmen. Meine Begeisterung war grenzenlos, als eine junge, sehr charmante Deutsche aus dem Allgäu namens Pauline einen Gebetstext auf Deutsch vortragen durfte. Auch eine französische Pilgerin las ein paar Zeilen in ihrer Landessprache vor. Eine tolle Idee der Mönche, so akquiriert man Menschen, die gerne in die Kirche gehen.

Und wieder hatte ich in meiner Schusseligkeit die zuvor gekauften Lebensmittel in der Kirche vergessen. Doch zwei nette Mädels drückten mir die Plastiktüte nach dem Kirchgang wieder in die Hand.

Pilgeralltag auf dem Camino: Man darf nicht mit ihm hadern, sondern muss seinen inneren Frieden mit ihm schließen

19 Hoch-Zeit auf dem Jakobsweg
Rabanal – Molinaseca, 26 km am 11.5.2011

Nach einer guten Nacht setzte ich mich frühmorgens wieder in Bewegung. Ich war bis in die Haarspitzen motiviert. Mit dem Aufstieg zum Cruz de Ferro auf 1.531 m stand für mich heute die Königsdisziplin des gesamten Jakobsweges auf dem Programm. Rund 500 Höhenmeter und ungefähr 1.000 Meter im Abstieg mussten bewältigt werden. Eine knisternde Spannung baute sich in mir auf, denn ich wusste, heute mache ich meine Kür. Und es sollte in der Tat ein Tag zum »Anschnallen« werden.

Beseelt von meiner guten Stimmung frühstückte ich in einer Bar in Foncebadón, einem halb verfallenen Nest kurz hinter Rabanal. Ich freute mich über die Begegnung mit den drei Däninnen, die ich bereits unterwegs kennengelernt hatte. Der sich anschließende Aufstieg war ein Genuss. Der Camino hatte extra für mich sein Hochzeitskleid ausgebreitet und mich wie einen Bräutigam empfangen. Überall blühendes meterhohes Heidekraut, gemengt mit gelben ginsterartigen Sträuchern. Was für eine Farbenpracht! Ein Sommerfest der Natur begleitete mich unentwegt. Alles passte, auch mein Körper und mein Geläuf präsentierten sich in einer Topform. Kniebeschwerden? Was ist das? Druckstellen? Nie gehört! Muskelkater? Undenkbar! Wenn es auf dem Jakobsweg einen Iron-Man-Wettbewerb gegeben hätte, ich wäre ab sofort dabei gewesen und ich war mir sicher, ich hätte vorne mitgemischt. Mich befiel immer mehr das Gefühl, der Camino wolle mich mit diesem besonderen Tag persönlich beschenken und belohnen.

Mit einem besonderen Wunsch überreichte ich dem Steinhaufen am Cruz de Ferro meinen in einer Weseler Kiesgrube selbst gefundenen Achat. Es war ein sehr persönlicher Akt und irgendwie spürte ich, dass ich auch etwas von mir selbst abgelegt hatte.

Bereits Römer und Kelten nutzten diese Kultstätte, um ihren Gottheiten zu huldigen. Nach christlichem Brauch befreit sich ein Pilger durch die Ablage eines Sorgensteines symbolisch von einer Seelenlast.

Die vielen anderen Gegenstände, die am Kreuz hinterlassen werden, wie z. B. Trikots, Schuhe, Mützen, haben mit der ursprünglichen Tradition nichts gemeinsam, werden aber notgedrungen toleriert.

Schweigsames Sonnenbad am Cruz de Ferro

Bewacht vom Monte Irago war es ein tiefes, befriedigendes Gefühl vor dem Gipfelkreuz zu sitzen und in die Ferne zu schweifen. Fast eine geschlagene Stunde saß ich dort und entdeckte am Himmel zufällig eine Wolke. Sie veränderte sich in Sekundenschnelle. Ich erkannte in diesem Veränderungsprozess plötzlich deutlich die seitlichen Konturen meines Gesichtes. Vielleicht spielte auch ein Hauch von Einbildung eine Rolle, aber ich werde ewig davon überzeugt sein, in dem Gewölk mein Konterfei gesehen zu haben. Je länger ich darüber nachdachte, desto mehr wurde ich von einem Gänsehaut-Feeling erfasst. Falls es möglich gewesen wäre, hätte ich gerne diesen einzigartigen Moment in Bernstein gegossen oder das Bild als Scherenschnitt an die Wand gehängt. Für mich war es der endgültige Beweis, dass ich mich mit den Kräften des Camino vereinigt hatte. Ich war wiederum sehr, sehr glücklich.

In Manjarín fiel mir eine primitive Hütte, aus der Kirchenmusik schallte, auf. Ein Pseudomönch sprach ein Gebet und mehrere Pilger lauschten ihm andächtig. Mit einigem Geschick und einfacher Baukunst hatte er seine Hütte in ein Konglomerat von Souvenirbude und Gebetsstätte verwandelt und sich selbst und den vorbeiziehenden Pilgern eine Symbiose zwischen Mensch und Tier geschaffen. Anders als beim Besuch von Hape Kerkeling in 2001 registrierte ich hier keine dürstenden, gequälten Hunde, sondern eher quietsch fidele, muntere Artgenossen. Aber der Tierquäler von damals war ganz sicher nicht mehr mit dem jetzigen Besitzer identisch.

Nach einer kurzen Pause ging es weiter. Ich schüttete immer wieder Endorphine aus, diese Blütenpracht und diese schier unglaubliche Farbenfülle, es kam mir so vor, als hätte die Natur ihre eigenen Aquarelle in die Landschaft gemalt. Wie aus dem Nichts kam mir plötzlich ein ganz seltener Pilgergenosse mit seinem Pferd, einem Apfelschimmel, entgegen. Wir unterhielten uns kurz. Er kam mit seinem Ross aus der Bretagne und ritt entgegengesetzt, von Santiago kommend, Richtung Pamplona. Das Pferd war etwas unruhig und nach einer kurzen Verabschiedung trottete der Schimmelreiter wieder von dannen.

Kurz vor El Acebo traf ich einen älteren deutschen Pilger, der auf einem Stein hockte und über Kniebeschwerden klagte. Ich bot ihm meine Arnikasalbe an, die er dankbar mit leichten Kreisbewegungen auf das lädierte Knie auftrug. Darüber hinaus empfahl ich ihm, sich bei der erstbesten Gelegenheit Nordic-Walking-Stöcke zu besorgen. Er war mit einer Reisegruppe unterwegs und trug nur einen leichten Rucksack. Sein Koffer wartete schon in einem Hotel in Molinaseca. Ich verabschiedete mich und erreichte bald das malerische Bergdorf El Acebo. Die charakteristischen Schieferhäuser mit ihren Holzbalkonen machen dieses reizende Dörfchen aus. Eine typische alte Holzbank vor einer Bar direkt am Ortseingang hatte es mir angetan, sie lud mich zum Verweilen ein. Ich kaufte mir ein Bocadillo und eine große Tasse Kaffee und setzte mich auf mein Schmuckstück von Bank.

Die Ziegenwohnung in El Acebo

Irgendwie faszinierte mich dieses nette Örtchen und ich überlegte ernsthaft, ob ich nicht hier in einer Herberge übernachten sollte. Doch dann wäre die nächste Tagesetappe wesentlich umfangreicher geworden und das wollte ich nicht wirklich. Also ging ich weiter. Vor einem der Steinhäuser blieb ich stehen. »Die Bewohner sehen hier aber komisch aus«, dachte ich mir. Aus einem verbarrikadierten Fenster in etwa fünf Metern Höhe beobachteten mich neugierig zwei Ziegen. Offensichtlich hatten sie die Wohnung angemietet. Eine der Ziegen meckerte so, als wenn sie sagen wollte: »Buen Camino Peregrino.« Ich meckerte freundlich zurück, machte noch ein Foto von meiner flüchtigen Bekanntschaft und zog weiter. Am Dorfende erinnerte noch ein Denkmal an einen 1987 mit dem Rad tödlich verunglückten deutschen Pilger.

Der Abstieg nach Molinaseca war recht beschwerlich, es ging steil und felsig mehrere Kilometer bergab. Doch ich war absolut gut drauf und flog wie auf einem fliegenden Teppich hinunter.

Allmählich türmten sich erste bedrohliche Quellwolken auf. Auch für mich wurde die Situation auf einmal beunruhigend, ja, sogar richtig gefährlich. Ich trottete nichts ahnend tief in mich gekehrt bergab. Es war absolut still. Plötzlich schoss pfeilartig ein aggressiver, laut kläffender Hund aus dem Gebüsch auf mich zu. Ich erschreckte mich zu Tode. Seine Absicht war eindeutig, er wollte mich attackieren. Reflexartig riss ich meine Stöcke hoch, merkte aber dann, dass er durch ein Seil im letzten Augenblick zurückgehalten wurde. Bis zur unfreundlichen Kollision fehlten höchstens zwei Meter, dann wäre es wohl passiert. Er hätte mich arg verletzen können, der Schreck rutschte mir jedenfalls ganz schön in die Glieder.

Alle anderen Begegnungen mit Hunden waren unkompliziert. Ob Rasse- oder Mischlingshund, in den Dörfern trotteten sie meistens lustlos durch die Straßen oder mussten sich dem Schicksal einer Kette oder eines Zwingers beugen. Hunde stehen in Spanien auf der Verliererseite. Oftmals schauen sie einen unterwegs mit traurigen oder verlorenen Blicken mitleiderregend an.

Apropos Wildhunde, sie sollen ja angeblich hier und da den Pilgern auflauern und dem Jakobsweg einen Hauch von Mutprobe verleihen. Alles nur Gruselgeschichten? Oder nur Übertreibung! Sollen womöglich die Tempelritter wieder mobilisiert und diesmal zum Schutz der Pilger gegen angriffslustige Hunde eingesetzt werden? Klingt wie ein schlechtes Märchen. Einen waschechten Wildhund bemerkte ich nur vor Los Arcos. Er war kniehoch, scheu, ausgemergelt und hatte mehr Angst vor sich selbst als Appetit auf einen Pilger. Also, ob Hund oder Wildhund, sie stellen keine wirkliche Gefahr dar und die Pfefferspraydose kann getrost zu Hause bleiben!

Es ging weiter steil bergab bis nach Molinaseca, einem schönen Örtchen am Río Meruelo. In der Stadtmitte lief mir Gerd, mit einer Einkaufstüte in der Hand, über den Weg. Wir hatten uns weder verabredet noch wusste ich, dass er bis zu dieser Ortschaft wandern würde. Die Begegnung, die Gespräche und die lustige Bierrunde in Rabanal waren so amüsant gewesen, dass mein latenter Wunsch, ihn wiederzusehen, auf Erfüllung drängte. Und es funktionierte, das Universum hatte uns auf wundersame Art und Weise zusammengeführt. Gerd empfahl mir die Herberge Santa Marina und so machte ich mich auf den Weg dorthin. Ich wusste nicht, in welchem Schlafsaal er übernachtete, instinktiv entschied ich mich für ein Bett im gleichen Raum, obwohl ich zwischen vier großen Zimmern wählen konnte. Die Kette der Zufälle war nahezu unfassbar!

Abends gab es in der Herberge ein gutes viergängiges Pilgermenü. Es schmeckte prima. Das frühabendliche Bilderbuch-Wetter und die angenehmen Temperaturen lockten mich nach draußen. Ich orderte ein Bier. Gerd ebenfalls. Als wenn er die vom Bier ausströmenden

Geruchsstoffe gewittert hätte, tauchte auf einmal Soh auf. Mit gierigen Bierblicken setzte er sich zu uns und bestellte sich sein gelbes Lieblingsgetränk. Später gesellte sich auch noch ein älterer Däne in die Runde. Er erzählte uns, dass er den Camino schon sechsmal gegangen sei und es auch diesmal nicht sein letzter Lauf sein sollte. Sein Alter gab er mit 72 Jahren an. Als Zeichen seiner Verbundenheit hatte er sich eine etwa 10 cm große, auffällige Tätowierung in Form einer Jakobsmuschel zwischen Nacken und den Schulterblättern auf seinen Körper stechen lassen, die er uns stolz zeigte. Umrahmt von einem glühenden Sonnenuntergang tauschten wir noch bis tief in den Abend hinein interessante und weniger interessante Pilgererfahrungen aus.

Fazit des heutigen Tages: Ich hatte mich in einer Welt der Ausrufezeichen bewegt. Ich war teilweise wie im Rausch und erlebte eine zielführende Reise in die Tiefe meiner Seele.

Blühende Landschaften kurz hinter dem Cruz de Ferro

20 *Hokus, pokus, fidibus*
Molinaseca – Villafranca del Bierzo, 32 km
am 12.5.2011

Erneut in die Vollen gegriffen. Ein bajuwarischer »5-Sterne-Schnarcher« vom Allergemeinsten schlief direkt in meiner Nähe. Ich wusste inzwischen, ich war intuitiv der magische Anziehungspunkt für alle »Schnarchsäcke« des Jakobsweges, aber muss man denn gleich den ganzen bayerischen Wald in nur einer Nacht absägen? In meiner Not rief ich nachts die Kräfte des Camino flehentlich um Beistand. Und als ob ich mit einem Notfalltelefon eine Direktverbindung zum Himmel hergestellt hätte, von der einen auf die andere Minute erlosch das bestialische Schnarchen und nur ein leichtes Grummeln war noch zu vernehmen. Wie konnte das sein? Ich dachte erst, ich hätte eine Erscheinung, doch inzwischen wusste ich, der Camino war mein Kumpel geworden. Gracias, lieber Camino, das war ein eindeutiger Liebesbeweis!

Zerschlagen richtete ich mich in der Frühe auf und rieb meine müden Augen. Der Superschnarcher aus Bayern schlief immer noch selig und träumte womöglich von seinem frisch gerodeten Waldstück. Bevor ich zum Waschraum ging, schaute ich noch schnell in meinen Rucksack nach meiner Digitalkamera. Dort hatte ich sie gestern Abend, vielleicht schon im angetrunkenen Zustand, abgelegt und mich sogleich in die Horizontale begeben. Doch, oh Schreck, sie war nicht mehr da! In aller Ruhe fingerte ich mich durch den ganzen Rucksack, aber keiner sagte: »Piep, hier bin ich.« Jetzt wurde ich aber langsam nervös. Sollte denn wirklich jemand ...? Nein, dies schloss ich kategorisch aus. Aber trotz inzwischen sehr sorgfältiger Suche bis in jeden Winkel tauchte sie nicht auf. Sollte der »Schnarchsack« sie etwa durch sein hämmerndes Schnarchen atomisiert haben? Meine Bewegungen nahmen inzwischen hektische Formen an. Mich überkam jetzt nur noch eine Idee, den ganzen Rucksack auf den Kopf zu stellen, auszuschütteln und hokus, pokus, fidibus, dreimal schwarzer Kater zu sagen.

Und siehe da, was kullerte aus dem Rucksack? Es war natürlich kein weißes Häschen, sondern meine untergetauchte Digitalkamera. Ihrer Tarnkappe beraubt, blickte sie mich ganz unschuldig an und hat mir bis heute nicht verraten, in welcher Ecke sie sich versteckt hielt.

Gehört eigentlich Diebstahl in den Herbergen zur Tagesordnung? Aus der geschützten Distanz von rund 1.000 Jahren betrachtet sind Refugien auch gegenwärtig kein Naturschutzgebiet gegen Diebe. Es kommt zwar vor, dass Wertsachen in den Herbergen gestohlen werden, doch daraus lässt sich keineswegs die Schlussfolgerung ableiten, der Jakobsweg sei eine Spielwiese für Langfinger. Die Story vom berufsmäßigen Klau auf dem Jakobsweg ist eher eine Mär! Aber, man sollte generell auf der Hut sein und seine Wertsachen gut verstauen und nie offen herumliegen lassen. Diebe treiben überall in der Weltgeschichte ihr Unwesen und machen im Zweifel auch nicht vor einem arglosen Pilger halt. Was die persönliche Sicherheit anbelangt: Ich fühlte mich – abgesehen vom meiner unseligen Hundebegegnung im Vorkapitel – während meiner gesamten Wanderung absolut sicher und nie bedroht. Anscheinend stellte mir der Jakobsweg netterweise seinen unsichtbaren Schutzschirm zur Verfügung. Die Dienste der legendären Tempelritter, die im Mittelalter für den Schutz der Pilger zuständig waren, hätte ich theoretisch niemals auch nur ansatzweise anfordern zu brauchen.

Recht früh war ich heute unterwegs. Ich wählte die Route über die kleine Ortschaft Campo, die zwar zwei Kilometer länger, landschaftlich aber wesentlich attraktiver war. Offensichtlich nahmen nur wenige Pilger dieses Teilstück, denn ich war so gut wie alleine. In Ponferrada angekommen, bewunderte ich die im 12. Jahrhundert entstandene Templerburg, eine der bedeutungsvollsten Zeugnisse mittelalterlicher Militärarchitektur. In der Stadtmitte schaute ich nach einem Geldautomaten. Nach längerer Suche fand ich endlich eines dieser geldspeienden Geräte. Es war aber leider ohne Funktion. Meine Nachfrage in der Bank erzeugte Achselzucken, denn die Dame am Bankschalter sprach kein Wort Englisch. Eine Kommunikation war somit unmöglich. Die englische Sprache ist in Nordspanien nur unzureichend verbreitet, selbst das Personal in den Herbergen spricht nur selten englisch. Es ist schon verwunderlich, dass ein so modernes, touristisch erschlossenes und weltoffenes Land sprachlich eher rückständig ist. 1,5 Milliarden Menschen sprechen weltweit englisch; wenn es ein paar Einheimische mehr wären, würden sich Touristen und Pilger gleichermaßen darüber freuen.

Eine Vielzahl von Störchen auf Kirchtürmen und in der Botanik säumte einmal mehr meine Tagesetappe. Ich war immer hellauf entzückt, wenn Adebar seinen Brutvorgang trotz störender Lärmgeräusche stoisch fortführte. Nahrung bot ihm die Natur reichlich, die Landschaft war großzügig von Wassergräben, Pfützen, Tümpeln und kleinen Flüssen durchzogen, insbesondere für junge Störche eine reich gedeckte Tafel köstlicher Leckerbissen. In den letzten Jahren ist ein ganzjähriger Verbleib vieler Störche in Nordspanien zu beobachten. Das günstige Nahrungsangebot macht es ihnen möglich, auf den Weiterzug nach Afrika zu verzichten. Bei dieser Verhaltensweise könnte man hinsichtlich des Begriffes »Zugvogel« glatt ins Grübeln geraten. Wäre nicht meine kreative Bezeichnung »Bleibvogel« eine sinnvolle Ergänzung des Ornithologen-Vokabulars für zugunwillige Störche?

An einer Picknickstelle in Cacabelos traf ich auf altbekannte Gesichter. Gerd und das koreanische Ehepaar kauten in auffälliger Weise, fast schon maschinell, vor sich hin. Ich gesellte mich zu ihnen an die gedeckte Tafel, packte meinen Proviant aus und fing an, mich in die konzertierte Kau-Schau einzubringen. Vielleicht nicht ganz so maschinell, aber durchaus gelungen. Kauenderweise redeten wir noch über die anstehende Route. Mit einem Schmunzeln bemerkte ich in Sohs Rucksack eine Flasche Bier, die er wohl aus gutem Grund vor uns versteckt hielt. Erstmals lernte ich hier Swantje aus Hamburg kennen.

Der Tag und die Etappe waren anstrengend. Bei rund 30 Grad im Schatten tat ich mich schwer. Jammern war manchmal ein gutes Mittel, um sich Erleichterung zu verschaffen. Die Hitze dehydrierte mich und ich musste lernen, genügend Flüssigkeit aufzunehmen. Dieser Wegabschnitt war nicht nur kinderwagenuntauglich, sondern benahm sich auch wie ein gefräßiges Tier, das jede Menge meiner kostbaren Energie verschlang.

Die letzten Kilometer wanderte ich durch sanft wellige Weinberglandschaften und erreichte gegen 16.00 Uhr schweißgebadet Villafranca del Bierzo. Ein Gewitter war im Anzug und so musste ich mich beeilen, um trockenen Fußes zur nächsten Herberge zu gelangen. Ich entschied mich für die Herberge Ave Fenix, die ruhig auf einer kleinen Anhöhe neben der Kirche lag. Offensichtlich eine gute Wahl, sie gilt als Kultherberge für Jung und Alt. Ich durfte mit zwei deutschen Pilgerinnen, Sabine und Christine, in einem 8-Bett-Zimmer zu dritt übernachten. Der Raum strahlte eine Friedhofsstille aus, kein Wunder, denn direkt dahinter grenzte der Dorffriedhof.

Die drei Däninnen waren auch an Bord, ich sprach kurz bei der Wäsche mit ihnen. Sie wollten zum Essen in den Ort gehen, wohingegen ich mich für das Pilgermenü in der Herberge angemeldet hatte.

Vielleicht war es die Friedhofsnähe, die meine Gedanken vor dem Einschlafen nährten: Leben und Sterben, Kommen und Gehen, Blühen und Verwelken. Auch wenn wir es wollten, wir können davor nicht ausweichen! Der Camino lehrt mich vieles zu überprüfen.

Herberge Ave Fenix

21 *Fabelhaftes aus La Faba*
Villafranca del Bierzo – La Faba, 24 km am 13.5.2011

Man schlafe super gut und fest, nehme ein opulentes Frühstück mit gebratenen Eiern und Orangensaft zu sich und starte in den anbrechenden Tag. Peregrino, was willst du mehr? Um 7.00 Uhr machte ich mich zusammen mit der 22-jährigen Annemarie aus Koblenz auf den Weg. Eine junge Frau, die wusste, was sie wollte. Annemarie studierte im Rahmen eines Gastsemesters in Alicante Medizin. Am Ende ihres Studiums wollte sie Karriere als Internistin oder Gynäkologin machen. Das anfänglich etwas zähe Gespräch lockerte sich mit zunehmender Dauer, so wie auch das Wettergewölk, auf. Bei einem Zwischenstopp in einer Bar plauderten wir über Gott und die Welt und dann trennten sich unsere Wege auch schon wieder.

Während meiner Wanderung hatte ich auch reichlich Gelegenheit über meine eigenen Lebensziele nachzudenken. Wie sah mein gegenwärtiger Status aus? Als gelernter Kaufmann wollte ich irgendwann eine gute Lebensbilanz ziehen, so richtig formgemäß mit Aktiva, Passiva und Gewinn- und Verlustrechnung. Es sollte eine ehrliche Bilanz mit guten Strukturen und nicht das Ergebnis von kreativer Buchführung sein. Der gefühlte aktuelle Stand sagte mir, dass nicht immer die Sonne in alle Winkel meiner bisherigen Bilanzpositionen eingedrungen war. Fazit: Dranbleiben!

Dem Camino werden viele positive Grundeigenschaften nachgesagt. Aber besitzt er auch die Kraft Probleme lösen zu können? Obwohl manche Pilger diese Ansicht vertreten, muss sie nicht unbedingt richtig sein. Die »DNA-Werte« des Jakobsweges lassen sich nicht wie aus einem Katalog bestellen, sie müssen abgeholt, geschöpft werden. Je nach Gemütsverfassung ist sein Sortiment an geheimen Zauberkräften, spirituellen Quellen und religiösen Sinngebungsthemen wie die Berührung eines unverhofften Luftzuges fühlbar. Jeder kann sie nutzen und für eigene Lösungsansätze transformieren. Der Jakobsweg macht den Kopf frei, die Gehirnzellen werden auf Durchzug gestellt, der alte Gehirnmüll verschwindet durch alle möglichen Öffnungen, ja, der Weg zerdeppert alle Verkrustungen und ist eine kostenlose Putzfrau für den Schädel. Das Wohnzimmer im Kopf wirkt anschließend wie frisch renoviert, was wiederum Platz für neue Ideen schafft. Wer noch mehr erwartet, befindet sich eher auf dem Holz- als auf dem Jakobsweg.

Über die Ortschaften Trabadelo und Las Herrerías erreichte ich nach einem steilen Aufstieg gegen 15.00 Uhr die Vorzeige-Herberge La Faba. Sie thront in reizvoller Lage auf einer Anhöhe, direkt im ehemaligen Pfarrhaus neben der Kirche. Das Plätschern des im Eingangsbereich angesiedelten Brunnens klang wie eine Sinfonie der Freude. Betreiber der schönen Anlage ist der Jakobusverein Ultreia aus Stuttgart. Die perfekte Federführung aus dem Schwabenland ist an allen Ecken und Kanten spürbar und verleiht der Herberge ein angenehmes Wohlfühl-Ambiente. Eine nette Geste am Rande: Jeder Schwabe, der ein Gedicht oder Lied eines schwäbischen Dichters vortragen kann, darf zur Belohnung in der Herberge kostenlos übernachten.

Die drei Däninnen Wiebke, Swanhild und Karen hatten mich zum Abendessen eingeladen. Ich konnte der Verlockung nicht widerstehen und besorgte noch schnell drei große Flaschen Bier in einem kleinen Geschäft. Wir hatten viel Spaß miteinander. Die drei Damen lernten sich im Alter von 19 Jahren in Oxford kennen und waren seitdem eng befreundet. Seit vielen Jahren trafen sie sich einmal im Jahr, um gemeinsam zu wandern. Aus Zeitgründen konnten sie dieses Jahr nur bis Triacastela laufen. Karen wohnte mit ihrer Familie in Spanien und war bis 2008 bei der Pleitebank Lehman Brothers beschäftigt. Wie sich herausstellte, waren wir nicht nur im gleichen Jahr, sondern auch im gleichen Monat und am gleichen Tag geboren. Wir wollten es zunächst nicht glauben, doch wir zückten wie bei einer Passkontrolle spontan unsere Ausweise und konnten zum allgemeinen Erstaunen das identische Datum beweisen. Was für ein kurioser Zufall! Obwohl wir uns nur in Englisch unterhielten, trällerte Wiebke, inzwischen in leicht alkoholisiertem Zustand, auf einmal ein Lied in astreinem Deutsch: »Heut kommt der Hans zu mir, freut sich die Lies. Ob er aber über Oberammergau oder ob er über Unterammergau oder ob er aber überhaupt nicht kommt, ist nicht gewiss.« Wir amüsierten uns köstlich über den dänischen Beitrag zum nächsten Song Contest und tosender Applaus war ihr sicher. Später gesellten sich noch Roland aus Heidenheim und Karl-Heinz aus Ulm zu uns. Die beiden Freunde waren in etwa gleichaltrig, doch es gab einen kleinen Unterschied zu erwähnen. Karl-Heinz wirkte in seiner äußeren Erscheinung in Anbetracht seiner grauen Haare wesentlich älter als Roland. Soh, der Koreaner, verwechselte die beiden einmal als »father and son«. Seitdem waren sie gebrandmarkt und hießen auch für uns witzigerweise Vater und Sohn. Schließlich wurde die lustige Runde durch Christine aus Köln und ihre Freundin Sabine komplettiert.

Ein charaktervolles Haus: Refugium La Faba

22 Die Safranfinger
La Faba – Triacastela, 26 km am 14.5.2011

Die Nacht war nicht so prickelnd. Seit 7.40 Uhr war ich auf den Beinen, die heute vor einem überaus harten Arbeitstag standen, denn es mussten insgesamt 630 Höhenmeter im Aufstieg und 870 Meter im Abstieg bewältigt werden. Den richtigen Vorgeschmack bekam ich gleich hinter La Faba. Der kontinuierliche, 400 Höhenmeter umfassende giftige Aufstieg nach La Laguna – einem verträumten Bauerndorf, gleichzeitig allerletzte Ortschaft in der Provinz León – und das Museumsdorf O Cebreiro war beschwerlich und erforderte eine gewaltige Kraftanstrengung.

Grenzstein am Übergang nach Galicien

Nach einem Zwischenstopp an einem mannshohen Wegstein, der die galicische Grenze kennzeichnete, erreichte ich O Cebreiro. Das malerische Bergdorf wurde insbesondere durch das von der Katholischen Kirche anerkannte »Hostienwunder« berühmt. Demnach begab sich ein Bauer im 13. Jahrhundert trotz widriger Wetterverhältnisse den Berg hinauf zur heiligen Messe, die von einem an Gott zweifelnden Mönch gehalten wurde. Der Bauer wurde hinsichtlich seiner Frömmigkeit vom Mönch belächelt. Doch während der Eucharistiefeier verwandelten sich Brot und Wasser in Fleisch und Blut Christi. Durch dieses Schlüsselerlebnis wurde der wackelige Mönch bekehrt und in seinem Glauben nachhaltig gefestigt.

Darüber hinaus ist O Cebreiro auch als Wirkungsstätte des Pfarrers Don Elias Valiña Sampedro, der in den 80er Jahren wichtige Impulse für die Renaissance des Jakobsweges setzte, bekannt. Er gilt als Erfinder der gelben Pfeile und ihm ist die Kennzeichnung der Wegführung mit diesem Markenzeichen zu verdanken.

Ich querte das Dorf und ging weiter. Der Ausblick auf die schöne Landschaft blieb im Hinblick auf den starken Nebel nahezu versperrt. Der böige Wind war äußerst unangenehm. Die Temperatur lag zwar bei zirka 10 Grad, gefühlt waren es jedoch höchstens 5 Grad. Ich fror zum ersten Mal wie ein »Schneider«. Als Gegenmaßnahme machte ich umgehend alle Luken dicht und der Reißverschluss meiner Trekkingjacke durfte sich zur Abwechslung bis zur »Halskrause« hocharbeiten.

Auf der Passhöhe von San Roque, wo sich ein bronzener Pilger als Statue in den Wind stemmt, traf ich Annemarie wieder. Wir liefen fortan eine längere Strecke zusammen. Sie war ziemlich redselig und offenbarte einiges aus »ihrem Nähkästchen«. Möglicherweise war der Inhalt ihres Nähkästchens etwas durcheinandergeraten, denn sie wollte die Wanderung dazu nutzen, um sich neu zu strukturieren. Annemarie besaß eine natürliche Neugier und so war es nicht verwunderlich, dass ihre junge Vita bunt und ereignisreich war. Gleich nach dem Abi arbeitete sie zeitweise in einem von der Bundesrepublik unterstützten Entwicklungsprojekt in Ghana. Dort versuchte sie, Frauen von der Notwendigkeit von Präventivmaßnahmen zu überzeugen. In einem Anflug von Abenteuerlust bereiste sie mit einem Freund zwei

Monate lang die Weiten Brasiliens. Auch Griechenland blieb ihr nicht verborgen: In einem alten VW-Bus tuckerte sie mit Freunden wochenlang durch das Land und streifte dabei die wichtigsten Kultstätten der hellinistischen Welt. Und ihr Entschluss, fernab von der Heimat in Spanien zu studieren, verdiente sich meinen Respekt.

Im Verlauf war der Weg im wahrsten Sinne des Wortes »beschissen«. Stinkende Kuhfladen zeugten vom täglichen Viehtrieb der Rindviecher auf die angrenzenden Weiden. Mit gezielten Schritten versuchte ich den Tretminen auszuweichen. Nicht immer hatte ich Glück. Spätnachmittags erreichte ich Triacastela. Dort gefiel mir die Herberge Berce do Camiño gut. Für wenig Geld ergatterte ich ein Einzelzimmer. Nach dem Waschen und Kartenschreiben war Einkaufen angesagt. Im nahegelegenen Supermarkt stieß ich auf »Vater und Sohn«. Wir verabredeten uns spontan zum Abendessen in einem schönen Restaurant.

Es kam aber nur Karl-Heinz, Roland musste noch seine Blasen versorgen und konnte kaum mehr laufen. Das Menü war zwar vom Feinsten, die Fischsuppe bereitete mir jedoch technische Probleme. Muscheln in Schalen und kleine ganze Langusten bildeten den Mittelpunkt der mit Safran gewürzten Suppe. Und vor dem Verzehr mussten dieselben zunächst geknackt werden, was in Ermangelung anderer Hilfsmittel nur mit den Fingern möglich war. Ich ahnte es, der Safran sorgte für eine nachhaltig gelbe, nicht mehr zu entfernende Farbe meiner Fingerspitzen. Irgendwie ging mir die Pulerei auf den »Senkel« und so verzichtete ich lieber auf einen Teil der ansonsten schmackhaften Suppe. Meine gelb gefärbten Finger konnte ich noch einige Tage später auf dem Camino zur Schau stellen.

Auf dem Rückweg zur Herberge traf ich den deutschen Pilger mit dem lädierten Knie wieder, dem ich kurz vor El Acebo mit meiner Arnikasalbe helfen konnte. Er kaufte sich in Ponferrada Nordic-Walking-Stöcke und konnte seine Wanderung fast beschwerdefrei fortsetzen.

Aus meiner Auswahl von Engelskarten zog ich vor dem Schlafengehen die Karte »Feier des Lebens«. Dort hieß es so schön: Jetzt ist die Zeit gekommen, um nach der Freude, der Wonne und dem Wunder eines jeden Tages Ausschau zu halten. Das passte! Dem hatte ich nichts hinzuzufügen. Na dann, gute Nacht!

23 Immer wieder sonntags
Triacastela – Sarria über Kloster Samos, 25 km
am 15.5.2011

Die Nacht war mein Freund. Ausgeruht und bestens gelaunt wanderte ich in der Frühe los. Ich entschloss mich, die Route über das Kloster Samos zu gehen. Das Tagesziel stand nicht fest. Ein herrlicher Tag erwartete mich, wolkenlos, etwa 22 Grad, er sollte wieder ein Geschenk mit Überraschungsmomenten werden.

Natur-Architektur: Baumgewölbe auf dem Weg nach Samos

Durch Landschaften, geprägt von Bachläufen und einem Gewölbe aus jahrhundertealten Kastanien, wanderte ich mal wieder mit viel Energie. Ich fühlte es, heute konnte ich in besonderer Weise meine Aufmerksamkeit steuern und meinen Geist entschleunigen, es war wohl, wie man so schön sagt, »mein Tag«. Das Laufen war für mich zur Normalität geworden, ich lief mit Lust, vielleicht auch schon mit einer gewissen Gier. Wie würde das wohl zu Hause weitergehen? Würde ich dort auch jeden Morgen den Rucksack schnüren und automatisch anfangen zu laufen? Oder würde ich mich wieder an mein normales Leben gewöhnen? Eines wusste ich schon jetzt, es würde nicht mehr so sein wie früher, die Droge »Laufen« würde mich nicht mehr loslassen. Irgendwie spürte ich, dass mein Leben noch viele schöne und spannende Momente für mich bereithalten würde.

Im Einklang mit Natur und Schöpfung ging ich weiter in Richtung Samos. Diese Ruhe, ich vernahm das Zwitschern der Vögel und das Rauschen der Blätter in einer ganz anderen Qualität. Mein Gehör war so sensibel, dass ich manchmal meinte, das Gras wachsen zu hören. Große Freude durchdrang bei dieser Wahrnehmung meinen ganzen Körper und mein Seelenleben. Jakobus hatte mir heute ein Freiticket zum Glücklichsein spendiert, extra für mich, und ich nahm es dankbar an. Stimmungsgeladen fühlte ich mich zeitweise wie ein Kohlensäurebläschen in einer Sprudel-Flasche. Ich versetzte mich dabei in einen tranceähnlichen Zustand und bildete mir ein, verschlungen auf und mit dem Jakobsweg zu tanzen. War es Rock'n'Roll oder Walzer? Ich weiß es bis heute nicht, auf jeden Fall war es etwas Beschwingtes.

Schon um 9.35 Uhr erreichte ich Samos. Das Benediktinerkloster, in der Vergangenheit eine Schmiede berühmter Bischöfe, wurde im 5. Jahrhundert gegründet und gilt als eines der ältesten Klöster der westlichen Welt. Der Orden leidet unter dramatischem Schwund und benötigt dringend Verstärkung. Von den ehemals 600 Bewohnern lebten in 2010 nur noch elf Mönche und drei Nonnen in den Klostergemäuern. Im Klostertrakt ist eine Herberge integriert.

Eine Besichtigung war meinerseits fest eingeplant, doch sonntags gab es nur eine einzige Führung und die begann erst um 12.45 Uhr. »Immer wieder sonntags«, so sinnierte ich, »kommen die Mönche wohl nicht richtig in die Gänge.« Ich ließ meinen Plan fallen, zumal die Führung auch nur in spanischer Sprache stattfinden sollte.

Kloster Samos

Ich setzte mich in eine Bar und schrieb einige Karten. Der Einheitstext lautete:

»... nun bin ich schon über 400 km gelaufen und habe noch 130 km bis zu meinem Ziel, Santiago de Compostela, zu bewältigen. Der Camino fordert all meine körperliche Kraft, als Gegenleistung lässt er mich aber in vollen Zügen an seinen spirituellen Quellen teilhaben. Insgesamt ein großartiges Lebenserlebnis.«

Anschließend brach ich auf und lief weiter, weiter durch Traumlandschaften. Ich war größtenteils alleine unterwegs, offensichtlich entschied sich die Pilgermasse für den direkten Weg nach Sarria. Also alles richtig gemacht! Ich will auch nicht so sein wie die Masse, ich will mich – und das ist einer meiner Lebensgrundsätze – unterscheiden, ich will anders sein und meinen Lebensweg allein bestimmen und nicht dem »Herdentrieb der Lemminge« folgen.

Mein Handy bimmelte und meine Schwester war dran. Ich freute mich sehr über ihren Anruf. Wir telefonierten etwa 10 Minuten miteinander. In meiner Hochstimmung versuchte ich, ihr den Camino schmackhaft zu machen, aber ich stieß nur auf verhaltene Resonanz.

An einer kleinen Kapelle überraschte ich ein Pärchen – in der Ausübung einer besonderen Form der Völkerverständigung – beim Küssen. Der Italiener und die junge Amerikanerin waren mir aus der Herberge Ave Fenix in Villafranca bekannt. Sie fühlten sich frisch ertappt und ließen sofort voneinander ab, als ich vorbei ging und kurz grüßte.

Die spannende Frage, ob und inwieweit es auf dem Jakobsweg Sex gibt oder gab, drängt sich geradezu auf. Den Überlieferungen zufolge boten im Mittelalter Dirnen ihre Dienste an und pflegten sich gezielt nachts den Pilgerbetten zu nähern. Doch wie ist die Situation heute? Ist der Jakobsweg ein Kontaktweg für sexuelle Abenteuer oder Liebschaften? Wo sich Geschlechter begegnen, gehört normales Flirt- und Balzgehabe, insbesondere aus männlicher Sicht, einfach dazu. Und dass man während der Wanderung auch die Liebe seines Lebens finden kann, zählt nicht zu den Geheimnissen dieser Welt. Es mag durchaus Pilger geben, die als sexhungrige Freibeuter gezielt auf die Jagd gehen und nach anfälligen Pilgerinnen Ausschau halten. Derartige Auffälligkeiten entzogen sich meiner Wahrnehmung. Daher glaube ich eher an Einzelfälle. Tatsächlich begegnen einem jedoch viele faszinierende Menschen, die eine tolle Aura besitzen und die irgendwie interessant erscheinen. Wenn sich über die Sympathie hinaus auch noch Gefühle bilden, dann ist der Pfad zum Verlieben nicht mehr weit. Ich lernte zwei Pilger bzw. Pilgerinnen kennen, die sich jeweils Hals über Kopf heimlich in einen anderen Wanderpartner verknallten. Doch wie so oft waren die Gefühle nur einseitig und wurden nicht erwidert.

Die Libido ist auf der langen Reise oftmals eine nicht zu unterschätzende Schwierigkeit. Wer darüber hinaus auch noch zu viel Testosteron produziert, hat möglicherweise ein Problem. Doch gehören sexuelle Enthaltsamkeit und Fasten nicht seit dem Mittelalter zu den Pilgergeboten? Egal wie die individuelle Entscheidung ausfallen mag, waschechte Pilger wahren mehrheitlich diese Regeln und betrachten sie nicht als realitätsfern.

Also, ist Sex auf dem Jakobsweg das große Thema? Nein, wenn überhaupt ist es nur ein interessantes menschliches Randthema. Von den Naturgewalten so gewollt, ist der Jakobsweg weder männlich noch weiblich, er ist ein altehrwürdiger Pilgerweg und die Menschen, die ihn seit Jahrhunderten begehen, sind aus religiösen, spirituellen, sportlichen oder anderen Beweggründen unterwegs und nicht um ein sexuelles Abenteuer zu suchen.

Seit Samos gingen meine »inneren Pferde« mit mir durch. Bergauf nahmen sie die Dimensionen eines wildgewordenen Mustangs an, aber auch bergab hielten sie mich mächtig auf Trab. Was war heute bloß mit mir los? Ich fühlte mich bärenstark; wenn ich wollte, könnte ich noch locker weitere 20 Kilometer schaffen. Doch mein Weg führte mich nur bis nach Sarria. Und wieder sollte ein Zufall eine Rolle spielen. Am Ortseingang hielt ich an der Albergue a Pedra an und begrüßte einen deutschen Pilger, den ich bereits am Vorabend in Triacastela bemerkt hatte und als interessant einstufte. Ich fragte nach seiner Unterkunft. Er hatte sich ein Einzelzimmer für 30 Euro in der angeschlossenen Pension besorgt. 30 Euro? Das war mir eigentlich zu teuer und läuferisch war ich ja noch nicht satt. Ich ging schon fünf Meter weiter, drehte mich um und kehrte wieder zurück. Eine innere Eingebung verlangte, dass ich mich genau für diese Pension entscheiden sollte.

Das Zimmer, wohl in einer Kategorie von vier Sternen, war ein Traum. Das große, luxuriöse Bad besaß einen Whirlpool, in dem ich mich als erste Amtshandlung gierig und genussvoll eine halbe Stunde entspannte. Ich legte mich in die Wanne, saugte die Luft ein, ließ sie tief durch meine Lungenflügel laufen und atmete wieder aus. Mich befiel ein Gefühl, als ob ich durch meine Atmung mit der von Schwaden geschwängerten Luft kommunizieren würde. Sie gab mir Sauerstoffgaben, die meine Körperzellen durchdrangen und meinen Geist ermunterten. Durch die angenehme Wärme des Wassers wurden mein Gehirn und mein Bewusstsein im Moment von einem unsichtbaren Lenkrad positiv gesteuert. Wie sollte ich mich aus der Umklammerung dieser schönen Gefühlswelt jemals wieder lösen können? Warum auch? Mit geschlossenen Augen döste ich noch eine Zeitlang vor mich hin und umarmte dabei im Geiste tief befriedigt die ganze Skyline des Jakobsweges. Das beglückende Bad beendete ich abrupt mit einer kalten Dusche. Wow, wie war ich jetzt in Wallung!

Um die neu entstandene Energie sinnvoll zu nutzen, bewegte ich mich, mit einigen schmutzigen Klamotten in der Hand, zum Innenhof. Waschen war angesagt! Dabei lernte ich den »als interessant eingestuften« Pilger, Kalle aus Bremen, näher kennen. Seine Motivation, den Camino zu gehen, lag darin, dankbar zu sein. Er hatte zwei schwere, lebensgefährliche Unfälle relativ glimpflich überstanden. Bei einem unverschuldeten Auffahrunfall in Ostdeutschland kurz nach der Wende, bohrte sich ein Pedal so tief in seinen Unterschenkel, dass er regelrecht zerfetzt wurde. Nur die medizinischen Künste eines ostdeutschen Professors bewahrten ihn vor einer Amputation. Nach Auffassung von westdeutschen Ärzten, so erfuhr er später, wäre der Unterschenkel nicht mehr zu retten gewesen. Das Bein und auch das Fußgelenk waren beinahe wieder voll funktionsfähig und offensichtlich imstande, den Anstrengungen der langen Wanderung standzuhalten. Als Dank schenkte Kalle dem Professor zu Weihnachten regelmäßig eine Kiste Zigarren. Und noch ein weiterer Unfall kennzeichnete sein Leben, das, wie er zugab, immer auf der Überholspur stattgefunden hatte. Bei einem Motorradrennen trug es ihn bei Tempo 250 aus der Kurve und nur durch glücklichste Umstände erlitt er lediglich eine Gehirnerschütterung, vier Rippenbrüche und einen doppelten Armbruch. Schließlich erwähnte er noch die wundersame Heilung seines zehnjährigen Sohnes, der vor kurzem eine lebensbedrohliche Krankheit besiegen konnte. Dieser Mann besaß nicht nur einen aufmerksamen Schutzengel mit einem eingebauten Airbag-System, sondern auch eine überdimensionierte Portion Fortune. Wir verabredeten uns zum Abendessen.

Mich zog es zunächst in die Stadt. Ich lief entlang der Rúa Maior, einer schönen Altstadtstraße, gleichzeitig Teil des urbanen Pilgerweges. Vor einer großen, steilen Steintreppe fiel mir – obwohl es Sonntag war – ein geöffneter Trekkingladen auf, der zu moderaten Preisen all das anbot, was ein Pilgerherz begehrte. Ich ging rein. An einer Kleiderstange blieb ich stehen. Eine lila Wanderhose leuchtete mich an und flirtete heftig mit meinen Geschmacksnerven. Eine lila Wanderhose? Die zarteste Versuchung, seit es Hosen gibt, umgarnte mich! Nach der Anprobe überlegte ich nur kurz. »Du siehst unwiderstehlich darin aus«, spiegelte mir der Spiegel. »Die kaufst du dir«, sagte spontan eine genehmigende Stimme in mir und räumte damit die letzten Zweifel aus. Warum eigentlich nicht? Mit dieser Hose besaß ich ein Alleinstellungsmerkmal unter den vielen Pilgern und endlich würde Farbe auf den Camino kommen! Außerdem passte sie sehr gut zu meinen gelb gefärbten Safranfingern. Mit der eingetüteten lila Errungenschaft in der Hand ging ich erfreut zur Herberge zurück!

Mit Kalle verbrachte ich den ganzen Abend. Er verriet mir weitere Einzelheiten aus seinem nicht unbedingt langweiligen Leben. In Bremen führte er erfolgreich seinen eigenständigen Gartenbaubetrieb. Er beschäftigte dreißig Mitarbeiter und arbeitete nach dem Motto: Ich arbeite, um zu leben, und nicht: Ich lebe, um zu arbeiten.

Inzwischen fing eine Gruppe von Schweizern in der Bar unaufhörlich an zu singen. Das Gejaule war unangenehm laut und aufdringlich, selbst der Wirt schien genervt. Noch schlimmer wurde es, als einer der Pseudosänger ein Glas Wein umstieß. Es klingt verrückt, aber von da an steigerten sich diese respektlosen Banausen noch. Als sie kurz innehielten, rief Kalle: »Ich komme aus Hamburg, und wenn ihr nicht gleich aufhört, singe ich ab sofort norddeutsche Seemannslieder.« Das verärgerte wiederum die Schweizer Sängerknaben und ehe UN-Blauhelmsoldaten angefordert werden mussten, gingen wir freiwillig nach draußen und setzten uns an einen freien Tisch. Kurze Zeit später gesellten sich auch Christine und Sabine dazu, und der Abend endete wie immer: mit reichlich leckerem Vino tinto, dem Blut des Camino.

Herbergsstempel

Wegweiser

24 Die »Eine-Million-Dollarfrage«
Sarria – Gonzar, 32 km am 16.5.2011

Ich schlief relativ schlecht in meinem Komfortzimmer, lautes Hundegebell störte meine Nachtruhe nachhaltig. Schon um 7.20 Uhr lief ich los. Worte über das Wetter zu verlieren, grenzt schon in den Bereich der Langeweile, es war mal wieder wolkenlos, morgens 9 Grad und tagsüber charmante 24 Grad.

Die Streckenführung nach Gonzar versprach ein ständiges Auf und Ab. Schon nach zwei Stunden ahnte ich, heute würde nicht mein Tag sein. Mein ansonsten so verlässlicher Antriebsmotor stotterte, irgendwie war ich blutleer und nicht so laufmotiviert wie sonst. Und so verwunderte es nicht, dass sich schon vor Portomarín mein Energiezentrum meldete und signalisierte: Notfallsituation, bitte den Notstromgenerator einschalten! Ich begriff die Botschaft meines Körpers und beauftragte meinen inneren Peilsender nach einem geeigneten Ruheplatz Ausschau zu halten. Doch zunächst quälte ich mich noch über die lange Stauseebrücke und erreichte über eine steile Treppe endlich Portomarín. Im Randgebiet breitete sich eine gepflegte parkähnliche Grünanlage aus. Dort war sie, meine ersehnte Oase der Ruhe! An einem schattigen Plätzchen gewährte ich mir eine längere Erholungspause und versorgte meinen müden Körper mit Wasser, Baguette, Käse, Joghurt, Bananen und dunkler Schokolade.

Portomarín blickt auf eine wechselvolle Geschichte zurück. Insbesondere die 60er Jahre erwiesen sich als Schicksalsjahre für das kleine Städtchen. Einst eine der blühendsten und reichsten Ortschaften Galiciens, versank sie durch die Umsetzung eines ehrgeizigen Staudammprojektes buchstäblich in den Fluten des Río Miño und wurde etliche Meter höher wieder neu aufgebaut. Nur die alte Kirche San Nicolás wurde Stein für Stein abgetragen und im heutigen Ortskern wieder im ursprünglichen Glanz neu errichtet. Bei Niedrigwasser ragen die Häuserruinen fast gespenstisch und gut sichtbar aus dem Wasser hervor.

Bachbett oder Weg? Der Jakobsweg zwischen Sarria und Gonzar, kurz vor Kilometerstein 100

Ich passierte das Stadtzentrum, ging über eine lange Brücke und wandte mich wieder dem Camino zu. Die letzten 8 km der Wegstrecke zehrten sehr an meinen Kräften, teilweise führten sie an einer asphaltierten Straße entlang. Ich musste mich regelrecht plagen, zumal mein Bleirucksack und die sengende Sonne erheblich zu meiner Erschöpfung beitrugen. Die »Eine-Million-Dollarfrage« lautete, wie reduziere ich mein Gewicht? Doch alle Überlegungen mündeten in der traurigen Einsicht, dass ich kein Heißluftballon war, der bei Bedarf überflüssigen Ballast abwerfen konnte, sondern ich war ein Pilger mit einem gnadenlosen »Sandsack« auf dem Rücken, der mit dem Mindestinventar unterwegs war, und der zum Verrecken keine zündende Idee besaß, wie er sein Gewicht minimieren konnte. Waren es womöglich die kiloschweren Fragen im Gepäck, die mich so gnadenlos runterzogen? Vielleicht wäre der Einsatz einer Wünschelrute sinnvoll gewesen. Ich hätte ja den Inhalt meines Rucksacks auskippen und die Wünschelrute über jedes einzelne Teil führen können. Aber wo hätte sie ausgeschlagen? Etwa bei meiner ungezogenen Obstbaum-Unterhose? Oder bei meiner Hirschtalgcreme? Also, alles nur Theorie und es gab nur die eine Erkenntnis: Das ganze Zeug musste mit, basta!

Das Miniörtchen Gonzar bietet immerhin zwei Herbergen, ich entschied mich für die Herberge Casa Garcia. Schon die Begrüßung fiel sehr freundlich aus. Eine hübsche, gut Englisch sprechende Rumänin empfing mich mit Tapas und einem netten Lächeln. Der recht überschaubare Schlafsaal machte ebenfalls einen guten Eindruck. Wie ich erst später erfuhr, schliefen auch die Schweizer Sängerknaben mit ihrem Anhang direkt in meiner Nähe. »Hoffentlich fangen die nicht nachts an zu singen!«, dachte ich im ersten Augenblick.

Das dreigängige Pilgermenü war nicht unbedingt der »Brüller«. Der galicische Rinderbraten war irgendwie zum Abgewöhnen, ich brauchte eine Menge Wein, um alles runter zu bekommen.

Nebenan nahmen die wohl unterzuckerten Schweizer Sängerknaben wieder Fahrt auf. Um Gehör und Nerven zu schonen, suchten wir (Christine, Sabine, Karl-Heinz und ich) uns nach dem Essen zum abendlichen Plausch ein anderweitiges, ruhigeres Plätzchen.

25 Eidgenössische Präzisionstechnik

Gonzar – Melide, 33 km am 17.5.2011

Diese Nacht verlief genau nach meinem Geschmack: Es war mucksmäuschenstill. Absolute Ruhe! Der Schlafsaal war eine uneinnehmbare Festung der Stille. Frühmorgens mal ausnahmsweise ausgeruht mit klarer »Birne« loszuwandern, war ein ganz neues Gefühl für mich.

Anfangs überdeckte noch Nebel mit seinem mehltauartigen Gewand die Landschaft. Im Tagesverlauf sollte er sich lichten. Der Kaffeedurst trieb mich nach einer halben Stunde in die erstbeste Bar. Das gute Frühstück verlieh mir zusätzliche Kräfte. Draußen trommelte ich mir wie Tarzan auf den Brustkorb und marschierte wieder los.

Hinter Hospital da Cruz verfolgte mich ein knatterndes Motorengeräusch, das nicht verstummen wollte. Es entpuppte sich als treckerähnliches Gefährt mit Anhänger. Meine bewundernde Gestik nahm der Fahrer zum Anlass, um kurz anzuhalten. Wie sich herausstellte, kam er vom Züricher See und legte die gesamte Strecke mit diesem Gefährt zurück. Im Schnitt fuhr er 20 km/h und beabsichtigte pro Tag ca. 120 km zurückzulegen. Sein Ziel Santiago konnte er nur über ausgesuchte Straßen erreichen. Das Monstrum wog immerhin eine Tonne

Der Treckerpilger vom Zürichsee

und die Technik hatte, was für ein Schweizer Produkt nicht verwunderlich war, bisher keinerlei Probleme bereitet. Was für eine ungewöhnliche, verrückte Idee dieses kreativen Eidgenossen!

Irgendwie kam mir in den Sinn, dass mir kein Lied über den Camino geläufig war. Da muss was her, dachte ich mir. Also begann ich, eine Melodie zu pfeifen. Danach überlegte ich mir einen Text und fing an, die ersten Textpassagen zu singen. Vorbeiziehende Pilger guckten mich ganz komisch an, es interessierte mich aber nicht. Ich sang und flötete fast eine Stunde vor mich hin, und ich gefiel mir zunehmend in meiner neuen Rolle als Liedermacher. Die eigene Sprache in den Dienst der Musik stellen zu können, war für mich während meiner Wanderung ein prägendes Schlüsselerlebnis mit »Fortsetzung-folgt-Wirkung!« Ich hatte eine neue Facette in mir ausfindig gemacht und beschloss, meine Produktion zu Hause instrumental aufzupeppen. Ein Versuch auf der Gitarre erschien mir die wahrscheinlichste Variante zu sein. Auch eine Geigenversion schwebte mir verrückterweise vor. Und hier mein Ergebnis:

Camino hey, camino ho, every day I go this way.

Camino hey, camino ho, and in may I take this way.

When I was tired in my mind, drinking beer and red wine.

When I was dreaming in the night, everything was all right…

Camino hey, camino ho, every day I see your face.

Camino hey, camino ho, my life is like a really race.

Refrain

In Palas de Rei suchte ich eine Apotheke auf. Eine mich zunehmend behindernde Verletzung wollte behandelt werden. Vor etwa einer Woche hatte ich mich mit dem Taschenmesser in den Daumen geschnitten. Die Wunde entzündete sich, in ihr lagerte sich Eiter ab. Ich konnte den Daumen im oberen Gelenk nur noch mühsam bewegen. Außerdem war er angeschwollen. Meinen Daumen argwöhnisch betrachtend, holte der Apotheker zunächst eine Salbe. Als ich mein Wörterbuch zückte und ihm das spanische Wort für »Nadel« zeigte, kramte er in einer Schublade und überreichte mir kostenlos einen sterilen Nadelaufsatz für eine Spritze. Zufrieden bedankte ich mich und zog weiter. Später – nach dem Duschen in der Pension – stach ich dann tapfer zu und beseitigte mit einem sauberen Taschentuch den Eiter. Die Wunde sollte schnell verheilen.

Pilgerpause

In der Ortsmitte von Palas de Rei traf ich den Koreaner Soh mit seiner Frau wieder. Die beiden beabsichtigten nur noch bis zur Ortschaft Casanova zu laufen und wollten dort in der Herberge unbedingt kochen. Allerdings war es ihren aufmerksamen Augen nicht entgangen, dass alle Lebensmittelläden geschlossen waren, worüber Soh sich mächtig ärgerte. Erst später erfuhr ich, dass heute in ganz Galicien Feiertag war. Gegen diese Form der höheren Gewalt gab es ohnehin keine geeignete Lösung und so setzte ich meine Wanderung mit einer Geste des Bedauerns fort. Kurz darauf lernte ich Ulrike (»Ulli«) und Günter aus dem Saarland, denen ich erstmals im Bereich von La Faba begegnet war, näher kennen. Das Paar war seit Saint Jean auf der Reise. Sie wollten heute noch bis Melide laufen. Ich verwarf meinen ursprünglichen Plan, bis Casanova zu wandern, und schloss mich fortan den beiden an.

Der Weg nach Melide führte zur kommunalen Großherberge. Nach einer kurzen Besichtigung verabschiedete ich mich gleich wieder dankend von Ulli und Günter. Die Herberge war zum Bersten voll und die Hochbetten standen ganz eng beieinander. Auf organisierte Massentierhaltung hatte ich keinen Bock mehr! Zu schlecht waren meine Erfahrungen mit derartigen Schlafstätten.

Gezielt hielt ich nach einer geeigneten Bleibe Ausschau. In einer Bar mit angeschlossener Pension fand ich ein schönes Zimmer. Schnell geduscht, Daumen verarztet, Füße mit Hirschtalgcreme versorgt und schon stand mein umtriebiger Geist wieder in den Startlöchern, um auf Erkundungstour zu gehen. Beim Schlendern durch das Örtchen bemerkte ich, dass meine Sandalen inzwischen kurz vor der Kapitulation standen. Einige Nähte lösten sich, auch das Fußbett war nach 450 km nahezu verschlissen. Die Zeichen standen auf Trennung, doch zuerst musste Ersatz beschafft werden.

Durch den Zustrom der Pilgerscharen vom Camino Primitivo, der in Melide aus Oviedo kommend in den Camino Francés mündet, herrschte in dem Städtchen reges Treiben. Auf der Straßenterrasse einer Bar stieß ich auf einige deutsche Pilger, die ich schon am Vorabend in Gonzar kennengelernt hatte. Kaum setzte ich mich nieder, standen wie auf Kommando auch schon Ulli und Günter neben mir. Im erweiterten Kreis folgten wir nach Durchsicht der bebilderten Speisekarte der Empfehlung der Pilgergruppe und bestellten völlig unspanisch Pommes mit Ketchup und Mayo, dazu Frikadelle, Würstchen und Spiegelei. Endlich mal wieder ein Hauch heimatlicher Esskultur! Für mich aber eine verhängnisvolle Entscheidung, die ich noch bereuen sollte!

26 Die Frikadelle
Melide – Ribadiso de Baixo, 11 km am 18.5.2011

Auweia, ich hatte mir den Magen verdorben. Ich wachte um Mitternacht auf, rannte zur Toilette und musste mich gleich übergeben. Und dann noch der nächtliche Lärm aus der Bar, er raubte mir den letzten Nerv. Auch der um 4.30 Uhr angerückte Müllwagen trug nicht zur Verbesserung meiner Schlafqualität bei.

Eigentlich konnte es heute nicht weitergehen, ich sollte mir einen Ruhetag gönnen! Aber ich wäre nicht ich, wenn ich es nicht wenigstens versuchen würde. Schließlich war ich ja der Sohn meiner Eltern! Kurz bevor ich das Zimmer verlassen wollte, musste ich mich erneut übergeben. Danach ging es mir etwas besser. »Niemals aufgeben« hieß meine Devise und so schleppte ich mich und meinen Rucksack nach unten. Auf der Straße traf ich Günter und Ulli, denen es zu meiner Überraschung erstaunlich gut ging. Sie hatten das gleiche Gericht zu sich genommen, allerdings auf die Frikadelle verzichtet. Die Frikadelle war also der Spielverderber! Diese verdammte, verseuchte Frikadelle war für Übelkeit und Kraftlosigkeit verantwortlich und zerstörte für heute meinen Caminoplan. Ich verachtete sie, zur Strafe hatte ich sie auch aus meinem Körper verbannt!

Ich entschied Kilometer für Kilometer zu gehen, und wenn es nicht mehr ginge, dann müsste ich meine Konsequenzen ziehen und für heute aufgeben. Ich war durstig und völlig dehydriert. In Boente nahm ich in einer Bar vorsichtig einen schwarzen Tee zu mir. Er blieb drin und das war das erste gute Zeichen einer leichten Aufwärtstendenz. Doch die Frikadelle hatte mir irgendwie den Stecker rausgezogen und der Saft aus meinem Notstromgenerator reichte nur für elf schlappe Kilometer, dann musste ich trotz vieler Pausen aufgeben. Ich konnte nicht mehr und quälte mich nur noch bis Ribadiso de Baixo. Dort schleppte ich mich mit letzter Kraft in die neu erstellte Herberge Los Caminantes, was sich als Glücksgriff herausstellte. »Alles neu macht der Mai« heißt es so schön in einem Volkslied, und so durfte ich mich in ein neuwertiges, noch nicht belegtes 6-Bett-Zimmer einquartieren. Ich legte mich sofort in das best gelegene Bett und schloss die Augen. Die Ruhe tat mir außerordentlich gut. Nach geraumer Zeit merkte ich, dass meine Lebensgeister in meinen leblosen Körper zurückkehrten. Ich spürte förmlich, wie der Camino mir seine Energie spendete und mich wieder »auflud«. Ich aß eine Banane, stand auf und begab mich zur Waschmaschine. Nach dem Waschgang hängte ich meine Wäsche auf eine Leine. Der böige Wind verkürzte das Trocknen erheblich. Ich konnte den Internetzugang nutzen und eine E-Mail an viele Freunde, Bekannte und ehemalige Arbeitskollegen senden. Das lag mir schon längere Zeit am Herzen und jetzt hatte ich ausreichend Zeit dazu.

Ein freudiges Knurren im Bauch signalisierte mir, dass ich mich zur gegenüberliegenden Bar begeben sollte. Ein großes Bocadillo mit Käse und ein frisch gepresster Orangensaft wurden wohlwollend von meinem Magen aufgenommen. Tja, und dann kamen Anneliese und Ingrid aus Inzell und setzten sich zu mir an den Tisch. Die beiden bestellten ein großes, kühles Bier. Beim Anblick des perlenden Bierglases konnte ich mich nicht mehr zurückhalten. Das Wasser lief mir sturzbachartig im Mund zusammen, und obwohl mir Hirn und Bauch signalisierten: »Das geht nicht«, bestellte ich mir den gelben Gerstensaft. Mein Magen grummelte und rebellierte zwar ein wenig, aber er akzeptierte es schließlich. Wie schön, meine Schwächephase schien überwunden zu sein und ich war wieder ganz der Alte!

Ach ja, und am frühen Abend traf ich in der Bar noch Annemarie. Sie war ziemlich geknickt. In einem zuvor geführten Telefonat erfuhr sie von einem Seitensprung ihres Freundes. Um ihn zu begründen, wollte er nun reumütig nach Santiago fliegen und sich mit ihr aussprechen. Da schienen sich kräftige Gewitterwolken am zartblauen Beziehungshimmel zusammenzubrauen!

Zurück zur Herberge: Meine Taktik war voll aufgegangen. Immer schön die Tür schließen und keiner kommt auf die Idee reinzugehen, um eine Koje in Beschlag zu nehmen. Als Alleinherrscher in einem Reich von sechs Betten zu nächtigen, das war mein Traum und er war in Erfüllung gegangen.

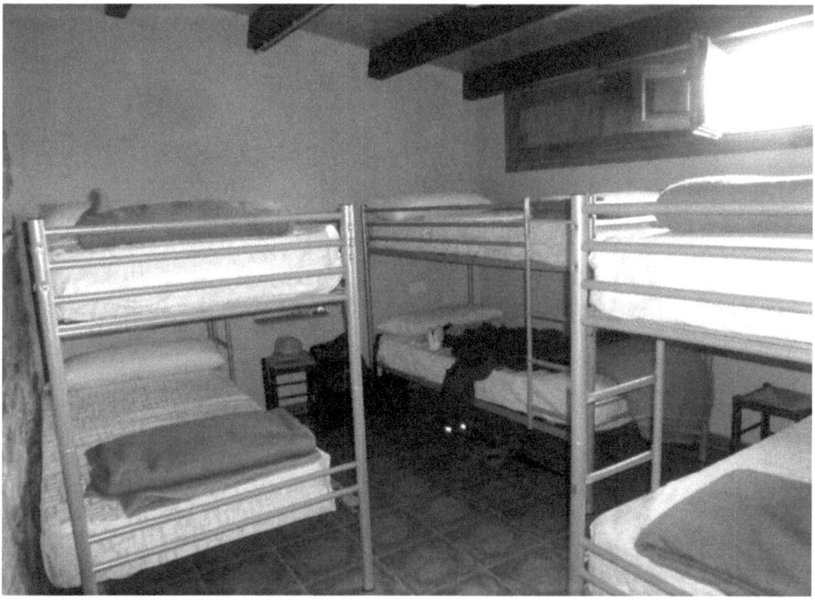

Refugium Los Caminantes: Oben: Krankenbett und Genesungssuite. Unten: Eingangsbereich

27 Der Wadenbeißer
Ribadiso de Baixo – Monte do Gozo, 38 km
am 19.5.2011

Was für eine paradiesische Nacht! Ich hatte tief und erholsam neun lange Stunden geschlafen! Alle Batterien in mir standen auf 120 Prozent. Nach dem Frühstück in der nahegelegenen Bar heulten um 7.50 Uhr die Startsirenen. Und wie ich gestartet war! Wie ein Rennpferd scharrte ich mit den Hufen und rannte beim Startschuss los wie ein Irrer. Hatten sich die Geister des Jakobsweges etwa nachts unbemerkt an mein Bett geschlichen und mich heimlich gedopt? Meine »inneren Pferde« waren mit mir durchgegangen, ich konnte sie nicht mehr halten, wer würde sie bloß wieder einfangen? Ich lief alle und alles in Grund und Boden, nur ein kleiner Spanier – auf den ich noch später zurückkommen werde – überholte mich im Rennschritt. »Einige Pilger rennen halt wie die Hasen, wenn sie an dir vorüber rasen«, sinnierte ich in poetischer Weise.

In Arzúa traf ich zu meiner Freude Kalle aus Bremen wieder. Er frühstückte gerade in einer Straßenbar und wollte heute bis Lavacolla laufen. Nach einem kurzen Gespräch ging ich mit unveränderter Lauffreude im schnellen Vorwärtsgang weiter.

Die Landschaft war abwechslungsreich. Kleine, dicht bewachsene Eukalyptuswälder prägten jetzt des Öfteren das Landschaftsbild.

Unterwegs wollte mich ein etwa gleichaltriger Pilger überholen. Der Gehschritt lag mindestens bei 6 km/h. Überholen? Mich? Heute? »Geht gar nicht«, sagte ich mir! Zunächst bot ich ihm Paroli. Als ich ein Steinchen aus meinen geschundenen Sandalen entfernen musste, zog er grußlos an mir vorbei. Aber er konnte mich nicht abschütteln, obwohl er das Tempo systematisch erhöhte. Nach drei Kilometern wilder Verfolgungsjagd, in der ich ihm förmlich in die durchtrainierten Waden biss, gab er entnervt auf und kehrte in eine Bar ein. Jaja, der Wettkampfgedanke kam bei mir immer mal wieder zum Vorschein und heute besaß ich eine ganz außergewöhnliche Siegermentalität.

Gegen Mittag traf ich Swantje aus Hamburg wieder, die gerade an einer Raststelle picknickte und mir Gesellschaft leistete. Ein frischgepresster Apfelsinensaft gab mir neue Kraft. Es trieb mich weiter. Ulli und Günter tauchten auf einmal auf. Wir liefen fortan wieder zusammen. Unterwegs musste ich meine Sandalen endgültig verabschieden, das Innenbett löste sich mehr und mehr in Wohlgefallen auf und ich lief Gefahr, mir Blasen zu laufen. Mit den hohen Wanderschuhen ging es nicht ganz so gut. Das Ziel im Sinn, arbeiteten wir uns Schritt für Schritt beharrlich an Santiago heran.

Denkmal zur Erinnerung an die Papstbesuche am Monte do Gozo

Endlich erreichten wir gegen 17.00 Uhr mit qualmenden Socken die Herberge am 378 Meter hohen Monte do Gozo, den Berg der Freude. Zu unseren Füßen lag das ersehnte Ziel Santiago de Compostela. Was für ein Moment für meine Gefühlswelt! Sie explodierte! Meine ersten neugierigen Blicke auf einen Teil der Stadt wurden Wirklichkeit und entschädigten mich für die vielen Strapazen. Nach 38 langen Kilometern und einem unglaublichen Höllenritt konnte ich »meine entfesselten Pferde« für heute endlich wieder einfangen. Ich glaube, der Camino wird mir dafür ein gutes Zeugnis ausstellen.

Übrigens, den kleinen Spanier, der mich anfangs rennend abgehängt hatte, überholte ich etwa 8 km vor Monte do Gozo mit einem zarten Tritt auf das Gaspedal. Er humpelte und war völlig fertig. Ich müsste lügen, wenn ich verschweigen würde, dass mir ein überaus breites Grinsen ins Gesicht wuchs. Manche nennen es auch Schadenfreude.

Das Pilgermenü in einer einige Minuten von der Herberge entfernt gelegenen Bar war mal wieder große Klasse: Schöner Salatteller, viel Brot, reichlich Fisch und als Dessert Eis, und natürlich Wein und Wasser nicht zu vergessen.

Als die Pilger im Mittelalter vom Monte do Gozo auf die Kathedrale blickten, fielen sie regelmäßig auf die Knie und fingen an zu singen. Ohne Gesang erlebten wir den tollen Sonnenuntergang im Gras sitzend, das stets gefüllte Gläschen Rotwein in der Hand haltend und unser Augenmerk genussvoll auf das hell erleuchtete Santiago gerichtet. Wir spürten es gemeinsam, das lang ersehnte Ziel war greifbar nahe. Es fiel schwer, uns zur fortgeschrittenen Stunde von dieser grandiosen Aussicht zu trennen und den kurzen Weg zur Herberge anzutreten. Das 8-Bett-Zimmer teilten wir mit Anneliese und Ingrid aus Inzell.

Die traurige Nachricht des Tages lautete: Nach dreiundzwanzig leidvollen Tagen in voller, unerbittlicher und vorbildlicher Pflichterfüllung waren heute meine durchlöcherten Aldi-Wandersocken ihren letzten Gang in die Tonne gegangen.

Herbergsstempel

28 Der dicke Kuss
Monte do Gozo – Santiago de Compostela, 5 km
am 20.5.2011

Etwas nervös war ich schon, als ich in der Frühe meine Schuhe zum finalen Lauf nach Santiago schnürte. Schon um 8.20 Uhr erreichte ich mit einem inneren Aufschrei die Kathedrale und hielt längere Zeit voller Ehrfurcht und Dankbarkeit auf dem Praza do Obradoiro, dem pulsierenden Vorplatz und Mittelpunkt der Stadt, inne.

Kathedrale von Santiago de Compostela

Mit einer Portion freudiger Spannung im Bauch ging ich anschließend zum Pilgerbüro auf der Rúa do Vilar, das um 9.00 Uhr öffnete. Um diese Zeit hält sich der Andrang noch in Grenzen. Nur eine Viertelstunde später hielt ich stolz »wie Oskar« meine Compostela in den Händen. Gefühlt fast ein Ritterschlag! Sie war auf meinen lateinischen Namen »Theodemarum Bunse« ausgestellt. Klingt nicht gerade alltäglich und scheint die Retroversion von »Theodor« zu sein. Als Kohlenpott-Junge, in der Wiege des Ruhrgebietes aufgewachsen, war ich eher rustikale Kost gewohnt. »Theodemarum«, so meine Empfindung, passte wirklich nicht zu mir und diese Namensgebung würde ich bestimmt nicht in ein Kissen sticken lassen! Aber was sollte ich machen? Protestieren? Ablehnen? Der Einfachheit halber entschloss ich mich, meinen merkwürdigen Vornamen im Namen des Heiligen Jakobus zu akzeptieren!

Als frisch gebackener Compostela-Pilger lief ich nun zum Hotel Lorenzo, das etwa 500 Meter von der Kathedrale entfernt lag. Das Zimmer hatte ich unterwegs in einem Touristen-Büro gebucht. Nach einer belebenden Dusche verließ ich, angetrieben von außerordentlichem Tatendrang, bestens gelaunt das Hotel.

Frühstückshungrig kehrte ich zunächst in eine nahegelegene Bar ein. Zwei Riesentoasts und zwei große Tassen Café con leche bildeten eine gute Grundlage für meinen ehrgeizigen Tagesplan.

Auf die Pilgermesse in der Kathedrale freute ich mich wie ein kleines Kind. Sie begann pünktlich um 12.00 Uhr und wurde von vierzehn Priestern feierlich gestaltet. Anfangs wurden viele Namen von Pilgern verlesen. Meiner fehlte, obschon ich im Pilgerbüro meine Einwilligung dazu gegeben hatte. Gab es einen Grund? Vielleicht war denen »Theodemarum aus dem Kohlenpott« zu kompliziert.

Zu meiner Freude entdeckte ich in einer Reihe vor mir Christine und Sabine. Wir winkten uns gegenseitig zu.

Der ergreifende Gottesdienst in dieser so bedeutenden Kathedrale, dem für mich stärksten Kraftort des Jakobsweges, erzeugte in mir ein tiefes, inniges Glücksgefühl, unterstützt von großer Dankbarkeit. Mein Herz, meine Seele und mein Körper verschmolzen sich spürbar zu einer glücklichen Einheit. Auch verhehle ich nicht, dass mich die Atmosphäre erneut zu Tränen rührte, wofür ich mich aber keineswegs schämte. So oft wie auf dem Camino hatte ich noch nie glücklich geheult, dabei bin ich im Alltag wirklich keine Heulsuse, sondern eher einer von der harten Fraktion. Diese Messe empfand ich als eine Hymne für den Jakobsweg und sie ging mir mächtig unter die Haut. Nach der Zeremonie hatten wir uns, Christine, Sabine und ich, vor dem Hauptportal begrüßt, geherzt und gleichzeitig verabschiedet. Beide erwarteten in Kürze ihre Ehemänner und wollten am nächsten Tag nach Deutschland zurückfliegen.

Altarraum im Hauptschiff

Anschließend ging ich durch die kühlen, verwinkelten Gassen der Altstadt ins neue Stadtviertel. Hier waren die Chancen groß, ein geeignetes Sportgeschäft mit einer Kollektion von Wandersandalen zu finden. Meine Suche war zunächst nicht von Erfolg gekrönt. Doch wie so oft erhielt ich wieder göttlichen Beistand. In einem Schmuckgeschäft wollte ich einen typischen kleinen silbernen Santiago-Schwertkreuzanhänger kaufen. Die Verkäuferin war gerade damit beschäftigt, ein junges

Paar zu bedienen. Ungeduldig drängte ich mich, nach dem Kreuz auf Englisch fragend, dazwischen. Der aufmerksame junge Kunde bemerkte mich und mein deutschklingendes Englisch, grinste mich an und entgegnete in seinem schweizerisch klingenden Deutsch: »Dütscher?« »Yes, äh ... ich meine: ja«, haspelte ich zurück. »Okay, wir können Deutsch sprechen!« Ich war begeistert. Er stellte sich mir als Medizinstudent aus Venezuela vor. Im Hinblick auf seine Schweizer Wurzeln sprach er exzellent Deutsch. Gleich nachdem er eine Kette in dem Schmuckgeschäft erworben hatte, führte er mich mit seiner Freundin zu zwei Sportgeschäften, die aber leider wegen der Siesta geschlossen waren. Aber immerhin, ich kannte jetzt zwei Bezugsquellen. Ich bedankte mich herzlich bei dem Pärchen und zog weiter.

Was unternimmt man, wenn alle Geschäfte geschlossen sind? Man kaufe sich Ansichtskarten und in einer guten Bäckerei noch vier kleine, leckere Törtchen und setze sich draußen in eine Bar. Gerade als ich mein Gebäck verspeiste und nach einem Abfalleimer Ausschau hielt, kam ein Straßenkehrer vorbei. Ungefragt nahm er meinen Abfall mit. Wow, dachte ich, der kommt ja wie gerufen. Es kam noch besser. Ich schrieb meine Karten und peilte nach einem Briefkasten. Wo war er bloß? Kein Problem: Selbstverständlich hatte die aufmerksame Postgesellschaft in pilgerfreundlicher Nächstenliebe direkt vor meiner Nase auch noch einen Briefkasten montieren lassen! War etwa wieder »Kollege Zufall« im Spiel oder hieß ich jetzt »Pilger Hans im Glück«?

Bald setzte ich mich wieder in Bewegung und begab mich erneut zur Kathedrale. Ein wichtiges Rendezvous mit dem Heiligen Jakobus stand noch aus. Erst wenn die sich hinter dem Altar befindliche Treppe erklommen und die Figur des Heiligen Jakobus umarmt und geküsst worden ist, gilt die Pilgerreise symbolisch als beendet. Mit der ultimativen Umarmung und einem dicken Kuss beendete ich stolzerfüllt meinen Camino Francés!

So langsam wurde ich unruhig, denn die neuen Sandalen fehlten ja noch. Im vierten Geschäft wurde ich endlich fündig. Noch ein nachdenkliches Abschiedsfoto im Sportgeschäft und danach ging es ohne die alten, aber mit den neuen Sandalen, den neuen Strümpfen und meiner sensationellen lilafarbenen Hose zum Pilgertreffen, das auf der

Treppe der Kathedrale verabredet war. Karl-Heinz, Roland, Varena, Julia, Swantje, Ulli und Günter erwarteten bereits den Peregrino aus Wesel. Nach dem Fototermin legten wir alle Hemmungen ab und feierten wie »die Feierbiester« mit mehreren Flaschen Wein ausgelassen und fröhlich den Abschluss unserer erfolgreichen Wanderung.

In unbändiger Feierlaune kehrten wir anschließend in ein nahegelegenes Restaurant ein. Eine gute Entscheidung, denn für kleines Geld konnten wir uns ein ganz vorzügliches Pilgermenü aussuchen. Meine Wahl fiel auf Suppe, Goldbrasse und Kuchen. Zum Schluss gab es noch einen gepflegten spanischen Schnaps. Und am späten Abend ging's ganz unspektakulär heim.

Was für ein wunderschöner, unvergesslicher Tag!

Der Altar mit dem Heiligen Jakobus

29 *Eukalyptusbäume ohne Bonbons*
Santiago d.C. – Negreira, 23 km am 21.5.2011

Um Punkt 8.00 Uhr stand Swantje vor dem Hotel, um mich zum Marsch an das Ende der Welt abzuholen. Es gab noch eine Menge Gesprächsstoff vom netten Vorabend aufzuarbeiten. Und wie das nun mal so ist, wenn man erzählt, gilt die volle Aufmerksamkeit nicht mehr dem Weg, sondern die Konzentration geht eher in Richtung gut formulierter Worte. Schon nach kurzer Zeit mussten wir feststellen, dass wir in Ermangelung der vertrauten gelben Pfeile vom rechten Weg abgekommen waren. Wir hatten das entscheidende Wegzeichen an einer kleinen Brücke übersehen und bemerkten den eingeschlagenen Irrweg glücklicherweise sehr frühzeitig. Deshalb beschlossen wir übereinstimmend, getrennt weiterzulaufen.

Recht hügelige Landschaften kennzeichneten den heutigen Weg, Eukalyptuswälder, wohin man schaute. Nur die gleichnamigen Bonbons fehlten, oder waren sie als Früchte noch nicht reif? Diese Bäume mochten wohl ihre eigene Rinde nicht. Überall lagen dünne Rindenteile wie Unterholz am Wegesrand umher. Die Stämme präsentierten sich in einem auffällig glatt geschmirgelten, geradezu entblößten Zustand. In ihrer Nacktheit wirkten sie irgendwie verletzlich.

Teilweise ging es 250 Höhenmeter bergauf und dann genauso wieder bergab. Das zehrte auf Dauer ganz schön an den Kräften und der Rucksack trug mal wieder einen gehörigen Teil dazu bei. Ach ja, dieser Rucksack, mein Rücken meldete sich gegen Mittag schmerzerfüllt bei meinem Gehirn, doch ungeplant pausieren, um dem Rücken Entspannung zu verschaffen, war nicht mein Ding. Vielmehr spielte ich so lange an den Stellriemen, bis mir mein Rücken signalisierte: »Okay, kannst weitergehen.« Das nenne ich positive Kooperation zwischen Hirn und Körper.

Manchmal stellte ich mir unterwegs ernsthaft die Frage: »Hast du eigentlich einen mittleren Dachschaden?« Qualen, Schmerzen, Durst, mangelhafte Hygiene, Entbehrungen, Hitze, schlaflose Nächte, einfaches Leben auf der so unendlich langen Wanderung hinzunehmen, kann das wirklich sinnbringend sein? Ja, ja und nochmals ja! Der Camino gibt mehr, als er nimmt! Und er ist ein hervorragender, göttlich zertifizierter »Dachdecker«, um Dachschäden zu reparieren.

In der frühen Mittagszeit erreichte ich den Weiler Ponte Maceira. Die wunderschöne gotische Brücke aus dem 13. Jahrhundert, die den Río Tambre mit mehreren Bögen überspannt, ziert als Kleinod das idyllische Landschaftsbild in besonderer Weise. Von der Brücke aus erhält man einen herrlichen Blick auf den Fluss, die restaurierte Mühle mit ihrem Wehr und das mittelalterliche Gutshaus.

Die mittelalterliche Brücke von Ponte Maceira

Die Brücke steht beispielhaft für die Entfaltung des Jakobsweges. Oftmals schließt sich im Anschluss an die Errichtung einer Brücke der gezielte Aufbau einer Siedlung mit Bürgerhäusern, Kirche, Kloster und Hospiz an. Und als Weiterentwicklung entstanden Dörfer und Städte mit wunderschönen Burganlagen, Kathedralen und Rathäusern.

Wie an einer Perlenkette aufgereiht gingen mit einigem Abstand die üblichen »Verdächtigen«, allen voran Swantje, Günter und Ulli, die heute von heftigen Kreislaufbeschwerden geplagt wurde, vor mir her. Der Camino war fast wie leergefegt, Alleinsein war Trumpf. Nur ein Bruchteil der Pilger ging offensichtlich weiter bis nach Finisterre.

Am frühen Nachmittag erreichte ich die neuwertige Herberge San José in Negreira. Neben ansprechenden, sauberen Sanitäranlagen strahlte sie mit Waschmaschine, Trockner, Internet und zweckdienlichen Aufenthaltsräumen einen gewissen Komfort aus. Der Schlafsaal mit etwa zehn Etagenbetten wurde für eine Nacht mein neues Zuhause. Inzwischen waren Swantje, Ulli und Günter auch eingetroffen. Ulli war sichtlich angeschlagen, sie legte sich sofort in die Horizontale. Für mich war es immer wieder ein Phänomen, man stimmt sich nicht ab und trifft sich trotz anderweitiger Möglichkeiten immer wieder in derselben Herberge.

Der Entschluss stand fest, heute Abend wird zur Abwechslung in der Herberge mal richtig lecker gekocht! Swantje und ich stellten uns freiwillig zum Einkaufen und für die anschließende Zubereitung des Menüs zur Verfügung. Spaghetti Bolognese stand auf dem Speiseplan. Der nahegelegene, gut sortierte Supermarkt ließ keine Wünsche offen und so stand der Umsetzung unserer ehrgeizigen Planung nichts mehr im Wege. Der Einkaufszettel trug die Handschrift von fünf hungrigen Pilgern: Spaghetti, Bolognese-Sauce, Salat, Zwiebeln, Melone, Obst, und, und, und. Rotwein und Mineralwasser durften ebenso wenig fehlen wie Nüsse und diverse Knabbereien. Fünf prallgefüllte Einkaufstaschen schleppten wir anschließend zur Herberge.

Die Küche wurde sofort zum Autonomiegebiet erklärt, keiner durfte uns stören. Swantje und ich waren ein gut abgestimmtes Küchenteam, wobei sie die Chefin im Ring war. Ich begnügte mich mit meiner Hiwi-Rolle und half beim Salatwaschen, Zwiebel- und Gurkenschneiden. Nach einer knappen Stunde war alles fertig und der Tisch eingedeckt. Der von mir zubereitete Salat fand zwar allgemeine Anerkennung, doch die originalen Spaghetti Bolognese à la Swantje waren schier unschlagbar. Fazit: Kochen in der Herberge macht nicht nur viel Spaß, sondern fördert auch die zwischenmenschlichen Beziehungen.

30 Die Kämpferin

Negreira – Olveiroa, 33 km am 22.5.2011

Ich schlief recht gut, nur ein spanischer »4-Sterne-Schnarcher« störte etwas meine Nachtruhe. Nach einem kurzen Frühstück in der Herberge stand ich seit 7.30 Uhr wieder auf den inzwischen stramm geformten Beinen. Es war noch recht kühl und der Weg verlor

Friedhofsglocke kurz hinter Negreira

sich im leichten Nebel des anbrechenden Tages. Die Nebelschwaden lösten sich bald vollständig auf und die übliche Wetterautomatik, Sonnenschein, 23 Grad, setzte wieder ein. Was hatte ich nur für ein unverschämtes Glück? Während meiner gesamten Reise konnte ich nur einen halben Regentag beklagen und ausgerechnet an diesem Tag fuhr ich mit dem Bus von Burgos nach León. Das galicische Wetter ist nicht immer so stabil, normalerweise sind neun Regentage im Mai üblich. Doch ich stand in der Gunst des Wettergottes und des Camino, und die behandelten mich nicht nur pfleglich, sondern auch überaus freundschaftlich! Als weniger pfleglich erwies sich die Beschaffenheit des Weges, es ging mal wieder ständig bergauf und bergab. 500 Höhenmeter im Aufstieg und 400 Meter im Abstieg waren keine einfache Nummer für einen abgekämpften Peregrino. In meinem Wanderführer wurde die Streckenführung als »leicht« beschrieben, da kriegten meine Lachmuskeln doch Muskelkater! Trotz aller Anstrengungen gab es aber keine Proteste meines Körpers (mehr), der hatte sich wohl an seinen »strengen Meister« gewöhnt. Ich war immer wieder fasziniert, wenn ich allmorgendlich feststellte, es geht wieder, die Batterien sind aufgeladen, Kopf, Körper, Muskeln und Gelenke funktionieren präzise wie ein Schweizer Uhrwerk.

Die in Galicien häufig anzutreffenden Hórreos fielen unterwegs immer wieder geschmeidig ins Auge. Es handelt sich dabei um Speicher für Feldfrüchte (u. a. Mais). Sie werden auf hohen Stelzen gebaut und die Wände sind mit Luftschlitzen versehen. Eine den Stelzen zwischengeschaltete, große runde abschließende Steinplatte soll das Eindringen von Mäusen und Ratten verhindern. Die Speicher werden so gut wie nicht mehr genutzt. Sie stellen regional lediglich Kulturgut dar und gelten als touristische Attraktion.

Nach 8 Stunden intensiver Wanderung erreichte ich das kleine Örtchen Olveiroa und beschloss, mich in der neuen Herberge Casa Loncho einzuquartieren. Unter Einbeziehung der Pausen legte ich mit dem dicken Marschgepäck auf dem Rücken einen Schnitt von über 5 km/h hin. Vielleicht hatte ich mein gutes Pensum auch Swantje und ihren 1,10 Meter langen Beinen zu verdanken. Wir waren die letzten 3 km zur Herberge in Überschallgeschwindigkeit gesprintet. Nachdem sie mich bei Córzon auf dem Weg entdeckt hatte, kam sie mit Tunnelblick, laut »Dietmaaar« rufend, aus einer Kneipe gerannt und erschien ziemlich beschwipst. Nach zwei Bierchen war sie vollkommen aufgedreht und redete wie ein Buch. Der Alkohol zeigte deutliche Wirkung und machte zudem die Beine schnell.

Eigentlich war, nachdem ich mein großes Ziel Santiago erreicht hatte, ein wenig die Luft raus, denn Finisterre bedeutete für mich mental nur eine Zugabe. Und doch verhielt ich mich wieder extrem zielorientiert. Meinen starken Willen mache ich dafür verantwortlich. Ich freute mich schon riesig auf das kleine Fischerörtchen am Ende der Welt, vor allen Dingen auf den Zieleinlauf. Auch wenn keiner Beifall klatschen würde, ich würde es innerlich tun, denn ich meinte, ich hätte es verdient.

Meta aus Leer, die mir schon aus der Herberge in Negreira bekannt war, und ich nippten genussvoll an unserem kühlen, halben Liter Bier und schauten in die Ferne. »Sollen wir ein Ratespielchen machen?«, fragte ich Meta. »Aber ja doch!«, schmunzelte sie. »Ich sehe etwas, was du nicht siehst«, sagte ich zu Meta. »Was denn?«, entgegnete sie. »Ich sehe eine Fata Morgana auf uns zukommen.« »Fata Morgana?« Meta rieb sich die Augen. »Welche Fata Morgana?« »Die beiden Wanderer da hinten, das sind Ulli und Günter«, murmelte ich. »Ich fass es nicht«, schaute Meta ungläubig zurück. Keiner hätte auch nur einen Pfifferling für Ulli gegeben, denn sie hatte heute Morgen über unverändert starke Kreislaufbeschwerden geklagt. Diesbezüglich hatte ich noch mit meiner Frau telefoniert, einer gelernten Heilpraktikerin, die telefonisch Notfallglobuli »verordnete«. Diese hatte ich Ulli auch verabreicht, aber sie verspürte zunächst keine Besserung. Und dann trennten sich unsere Wege. Es war keine Fata Morgana, die alsbald vor uns stand, es war leibhaftig Ulli. Mit einem putzmunteren »Hola« wurden wir begrüßt. Reichlich Kaffee habe ihren Kreislauf wieder in Wallung gebracht, verkündete sie erleichtert. Das war also die Auflösung des geheimnisvollen Körperzustandsrätsels. Ich glaube viel mehr an die Homöopathie und behaupte, erst durch die Globuli konnte der Kaffee wirken, und so waren die Kügelchen letztendlich für die wundersame Genesung zuständig. Aber das kann man auch als Glaubensfrage auslegen. Eigentlich benutzen Männer ihren Körper eher als Kampfmaschine und Frauen leben mehr darin, doch hier wurde diese Theorie ad absurdum geführt, diesmal schien Ulli eine Kampfmaschine zu sein und Leben befand sich auch noch in ihrem Powerkörper. Jedenfalls freuten wir uns sehr über das Erscheinen der beiden und zugleich war die Pilgerfamilie auch wieder komplett.

Ziemlich uninspiriert erzählte mir Swantje, dass sie morgen die finale Etappe nach Finisterre mit dem Bus nehmen wolle. Das konnte und wollte ich nicht verstehen. Ausgerechnet die letzte Etappe! »Finisterre mit dem Bus erobern zu wollen, ist eine verdammt schlechte Idee«, gab ich zu bedenken, »und du wirst auf das einmalige Erlebnis, vom Wanderweg aus die ersten atemberaubende Blicke auf die Küste werfen zu können, verzichten müssen«, legte ich nach. Swantje wurde nachdenklich. Anscheinend hatten meine Worte gewirkt, denn noch vor dem gemeinsamen Abendessen änderte sie ihre Meinung.

Wie sieht nach getaner Wanderarbeit ein schöner Abend aus? Falls ein gutes Restaurant in der Nähe sein sollte, bedeutet das schon die halbe Miete. Sollten zudem noch Angebot und Qualität stimmen, dann steht einem gelungenen Tagesabschluss nichts mehr entgegen. Das gemütliche Restaurant As Pias bot diese Voraussetzungen. Das Pilgermenü war eine einzige Gaumenfreude. Einige Fläschchen Vino tinto rundeten das Festessen ab und sorgten nach einem anstrengenden Tag für einen stimmungsvollen Ausklang.

Tagesausklang im Restaurant As Pias, links: Meta und Swantje, rechts: Günter, Ulli und ich

31 Die Untergangsparty
Olveiroa – Finisterre, 32 km am 23.5.2011

Ein Achtbettzimmer, belegt mit vier Pilger-Damen und dem Peregrino aus Wesel, das müsste doch eigentlich eine gute Mischung sein. Denkste! Eine deutsche »4-Sterne-Schnarcherin« vermieste uns allen die verdiente Nachtruhe. Außerdem bellten streunende Hunde fast ununterbrochen. Resümee: Trotz Ohropax mal wieder eine »Scheißnacht«!

Nach dem Frühstück mit Bocadillo und Kaffee in einer Bar aktivierte ich um 7.40 Uhr meine Beine. Das Wetter war wie immer perfekt. Purer Sonnenschein und etwa 24 Grad am Nachmittag eskortierten mich durch einen ergreifenden Tag. Es sollte ja auch mein letzter Wandertag sein. Bergige Trassen, 450 Höhenmeter im Anstieg und 720 Meter im Abstieg warteten auf mich. Als ob ein Pfau in Balzlaune sein Federrad ausfahren würde, so steigerte sich die nun folgende malerische Landschaft phasenweise in eine unverfälschte Ekstase. Der Höhenweg zog sich anfangs entlang eines abgründigen friedvollen, flussdurchzogenen Tales. Blühende Ginstersträucher beplankten beide Seiten des Weges. Je mehr sich die Küstenkonturen im weiteren Verlauf abzeichneten, desto mehr knisterte in mir die Spannung. Was mögen wohl die Pilger im Mittelalter, die ja meistens noch nie den Atlantik zu Gesicht bekommen hatten, gedacht haben? Bestimmt waren sie noch weitaus angespannter als ich.

Kurz hinter einer Kapelle offenbarte die Weite des Horizonts schemenhaft die ersten Wellen. Gleißendes Licht, Himmel und Meer verflossen in harmonischer Weise ineinander. Ein Intermezzo der Glückseligkeit. Meine Nase nahm Witterung auf. Salzhaltige Luft machte sich wohltuend bemerkbar und meine Lungen sogen sich dankbar mit frischem Sauerstoff voll. Der anstrengende Abstieg nach Camiños Chans verdeutlichte mir auch visuell: Der Atlantik greift nach mir.

In Ceé holte ich Swantje und Meta wieder ein. Wir liefen fortan zusammen. In dem Örtchen hatten wir uns dann ganz schön verlaufen.

Erst meine aufheulenden inneren Warnsirenen konnten den Irrlauf unseres Trios beenden. Nachdem ich nochmals genau die Wegbeschreibung meines Wanderführers durchblättert hatte, war klar, wir mussten etwa 1,5 Kilometer zurück, insgesamt also ein Umweg von 3 Kilometern. An der Kirche kamen wir endlich wieder in die richtige Spur. Inzwischen wurde es richtig heiß und die ständigen Anstiege machten uns so langsam zu schaffen.

In Estorde, einem Örtchen vor Sadiñeiro, gönnten wir uns die verdiente Erholungspause. Wir empfanden die herrliche Gartenanlage eines Restaurants als Belohnung und bestellten uns gegen den Durst Clara (Bier mit Limonade). Der freie Blick auf den angrenzenden herrlichen Sandstrand weckte Begehrlichkeiten. Meine Sinne saugten den feinen Sand auf, ich musste ihn jetzt unbedingt spüren. Von den kochenden Wanderschuhen erlöst, schritt ich barfuß für einige Minuten alleine über den Strand und war stolz auf meine erste selbstgefundene Jakobsmuschel.

Finisterre im Rücken und den Jakobsweg fest im Blick

Wunderschöne Strandabschnitte wechselten sich ab. Gerne hätte ich gesagt »Genau hier bleibe ich jetzt eine Woche, besorge mir in einem guten Hotel ein Komfortzimmer, veranlasse die Bedienung, mir mindestens zweimal am Tag eine eisgekühlte Flasche Champagner und gegrillte Langusten oder andere Meeresfrüchte an den Strand zu bringen und lasse den Abend in einer Wellness-Oase ausklingen.«

Traumstrand kurz vor Finisterre

Doch Schluss jetzt mit der Träumerei, die Realität hieß: »Im Gleichschritt – Marsch! Bis nach Finisterre.« Etwa 2 km vor dem Örtchen beginnt der Sandstrand Playa de Langosteira. Genau an der erstmöglichen Stelle befreite ich meine geplagten Füße von den hohen Wanderstiefeln. Wenn sie dazu in der Lage gewesen wären, hätten sie vor Freude den ganzen Strand zusammengeschrien! Swantje und ich genossen barfuß schreitend den feinen Sand und das Rauschen der schäumenden Wellenbewegungen.

Einige der hier nicht selten vorkommenden Jakobsmuscheln wanderten umgehend als Souvenir in eine Tüte. Am Ende dieses herrlichen Strandabschnittes stöberte ich das 2-Sterne-Hotel Doña Lubina auf. Ein schönes, großes Zimmer mit Blick auf den nahegelegenen Strand hatte einen Suchauftrag nach einer seriösen Pilgererscheinung ausgerufen. Ich gab sofort meine Bewerbung ab und erhielt prompt den Zuschlag. Eine traumhafte Unterkunft für lächerliche 20 Euro, Herz, was willst du mehr? Swantjes Auftritt war so überzeugend, dass sie auch ohne Bewerbung ein gleichermaßen tolles Zimmer erhielt.

Nach dem Duschen, das meine Erschöpfung vergessen ließ, war erst einmal Einkaufen angesagt. Vorräte bunkern. Nach einer ersten Besichtigung des Ortszentrums und dem Kauf einiger Fressalien kehrte ich zur Pension zurück. Da Swantje nicht auffindbar war und sich die Möglichkeit nicht so oft anbot, beschloss ich, mich selbst zum Strandessen einzuladen. Ohne Tischdecke und unter Missachtung jedweder Knigge-Essregeln ging es recht rustikal zu. Warum auch nicht? Schließlich gab es ja auch keine Zuschauer und außerdem fühlte ich mich in diesem Umfeld einfach »sauwohl«. Eröffnet wurde die spezielle Mahlzeit mit Baguette und Käse, es folgte der Nachtisch in Form einer halben Ananas. Danach kam der Nachtisch mit Activia-Joghurt an die Reihe und nach diesem Nachtisch bestellte ich zur Abwechslung nochmals die gleiche Joghurt-Marke. Erst nach dem dritten Joghurt vollendete ich meinen ungezügelten Joghurt-Exzess mit dem Verzehr des Vierten. Ach ja, meine ausgeprägte Dehydrierung verlangte noch nach einem Liter Wasser. Und damit war die private Strandfete auch schon beendet.

Swantje tauchte wieder auf. Wir wollten zum Kap. Gleich nachdem wir zum Hafen liefen, trafen wir, wie konnte es anders sein, wieder rein zufällig Ulli und Günter. Günter schaute etwas missmutig drein und deutete auf seinen rechten Fuß. Oha, er war stark angeschwollen. Mit Rücksicht auf die Schwellung wollte er seine Gliedmaßen lieber schonen und auf den geplanten Kap-Besuch verzichten.

Bewaffnet mit einer Flasche Vino tinto und einigen Knabbereien gingen wir, der Abendsonne entgegen, hoch auf das 3,5 km entfernt gelegene Kap. Offensichtlich entschieden sich heute nicht so viele Pilger für das bevorstehende große Kino. Einige Plätze auf den Felsbrocken waren jedenfalls noch unbesetzt. Fast liefen wir Meta in die Arme, die sich einen windgeschützten Felsen als Aussichtsplattform ausgesucht hatte. In einladender Weise bot sie uns selbstlos die besten grasbezogenen Logenplätze an. Als ultimatives Begrüßungsgeschenk überreichten wir ihr den Rotwein. Zusammen mit der von Meta zur Verfügung gestellten Flasche Freixenet und den Knabbereien konnte die »Untergangsparty« beginnen. Den einsetzenden leicht wolkenverhangenen Sonnenuntergang genossen wir in vollen Zügen. Ein unvergessliches, grandioses Naturereignis nahm kontinuierlich seinen Lauf. Zeitweise ließen wir uns einfach nur treiben und starrten wortlos, die versinkende Sonne vor den Augen, unentwegt auf das rauschende, zart rötlich schillernde, endlose Meer. Einfach mal ausschwingen lassen, was unterwegs in Bewegung geraten war, an dieser Stelle wurde der Seele Asyl gewährt.

Großes Kino: Sonnenuntergang am Kap Finisterre

Um Punkt 21.43 Uhr verschwand der tiefrote Himmelskörper am Horizont und die Dunkelheit breitete sich so langsam aus. Ein Dudelsackspieler quetschte auf einem Felsvorsprung bei inzwischen sturmartigem Wind seine letzten Melodien aus seinem Dudelsack und wir tranken die letzten Tropfen Rotwein aus unseren Pappbechern.

Schon beim Aufstieg zum 250 Meter hohen Kap verspürten Swantje und ich wenig Lust, die 3,5 Kilometer lange Straße nach Finisterre bei Fast-Dunkelheit wieder zurückzulaufen. Und wie so oft stand uns ein unglaublicher Glücksfall zur Seite. Ein spanischer VW Golf stand plötzlich mit laufendem Motor vor uns. Meine Idee war, der holt bestimmt seine Leute ab, um sie zurück nach Finisterre zu bringen. Aber Swantje dachte anders, sie klopfte an die Seitenscheibe und fragte den Fahrer, ob er uns mitnehmen könne. Und zu meiner großen Verblüffung nickte er und so stiegen wir überglücklich ein. Der nette Spanier fuhr uns bis zum Hafen. Mit einem dicken »Muchas Gracias« und kräftigem Händedruck verabschiedeten wir uns von ihm. In einem schönen Hafenrestaurant feierten wir die wundersame Rückfahrt standesgemäß mit einer guten Flasche Vino tinto und einer Riesenportion Calamari.

Der krönende Tagesabschluss

Gegen Mitternacht schlenderten wir zur Pension zurück und entdeckten in der Bar noch diffuses Licht. Ein Zeichen, um noch einen »Absacker« zu nehmen! Der Barkeeper, ein Neffe der Besitzerin, entlarvte sich als deutschsprechender Schweizer. Wie wir erfuhren, unterstützte er seine Tante bei ihrer täglichen Arbeit. Am nächsten Tag wollte er abreisen. Ich hätte es noch gerne so richtig krachen lassen, doch nach einer halben Stunde wurde mein Akku schlagartig so dramatisch leer, dass ich mich ganz schnell verabschieden musste, um wie ein Stein todmüde in mein Bett zu fallen.

32 Mein neues Wohnzimmer Finisterre – Santiago de Compostela mit dem Bus am 24.5.2011

Der Schweizer Barkeeper hatte uns einen tollen Strandabschnitt verraten und so machten Swantje und ich uns nach dem superguten Frühstück auf den Weg, um ihn zu erkunden. Was für ein Tipp, einige hundert Meter hinter einer Häuserzeile erstreckte sich nicht nur ein Traumstrand, sondern das irdische Paradies! Der liebe Gott musste einen besonders guten Tag gehabt haben, als er dieses Fleckchen schuf. Weißer, unberührter Sandstrand, türkisfarbenes Meerwasser, wilde Wattebausch-Wellen und eine betörend angenehme Geräuschkulisse. Für zwei Stunden erklärte ich dieses Idyll zu meinem privaten Wohnzimmer. Tiefenentspannt ließ ich mich in den weichen, wärmegebenden Sand sacken und richtete traumverloren meine Blicke in die Weite des unendlichen Meeres. Das Kap Finisterre vor Augen, spulte ich meine gesamten Camino-Erlebnisse nochmals vor meinem geistigen Auge ab, ohne Lücke, erlebte alles im Zeitraffer zum zweiten Mal. Ich setzte erneut nicht nur unvorstellbar viele Endorphine frei, sondern fing in dieser Glücksstimmung auch eine Vielzahl erstklassiger Fotos ein. Mein unruhiger Zeigefinger war jedenfalls ständig am Auslöser zu finden.

Obschon ich im Moment große Lust dazu verspürte, wäre ein Bad im Meer wegen der gefährlichen Strömung äußerst riskant gewesen. Der traumhafte Strandabschnitt gehörte nämlich zur berüchtigten Todesküste (Costa da morte). Einheimische warnten mich eindringlich vor der Sogwirkung und den zerklüfteten Riffen unterhalb der Wasserlinie. In Lebensgefahr wollte ich mich nicht begeben, schließlich wollte ich quicklebendig und nicht in einem kleinen Blechcontainer nach Deutschland zurückkehren.

Eine angespülte Plastiktüte störte mein Idyll. »Wer verschmutzt mein privates Wohnzimmer mit einer Plastiktüte?«, fragte ich mich beleidigt. Für einen Moment dachte ich problemorientiert. Viele der inzwischen sieben Milliarden Menschen handelten offenbar nicht umweltbewusst, entsorgten ihren Müll ohne Einschaltung von »Gehirnschmalz«, egal ob im Wasser oder auf dem Land, ob in der Wüste oder im Gebirge, Hauptsache weg mit dem Zeug. Wir tun der Erde echt weh, sie wird sich das auf Dauer nicht gefallen lassen! Was wäre, wenn ich in der Tüte ein Häufchen Atommüll gefunden hätte? Dann wäre ich wohl leuchtend zum heiligen Jakobus aufgestiegen, hätte höflich an seine Pforte geklopft und gesagt: »Schau her, lieber Jakobus, ich bin ein braver Peregrino, war dir zu Ehren auf deinem Sternenweg unterwegs, bis ich über dieses schicksalhafte Tütchen gestolpert bin, das mir mein Leben nahm und meine geliebte Wanderung unfreiwillig beendete. Nimm mich nun als leuchtendes Beispiel und kümmere dich bitte, bitte um diese armseligen Umweltsünder, ehe es zu spät ist.«

Strandflora im Paradies

Ich musste mich jetzt wieder einfangen. Mein geistiger Ausflug sorgte für eine kurzfristige Irritation meiner ansonsten so beflügelten Sinne. Gerne hätte ich den ganzen Tag an diesem Traumstrand verbracht, doch mein Tagesplan sollte noch weitere Ereignisse für mich bereithalten. Ich lief wieder zum gegenüberliegenden Sandstrand Playa de Longosteira. Hier lauerten keine Gefahren auf badelustige Pilger. Ohne Vorwarnung für meinen Kreislauf sprang ich in Badehose in das kalte Meerwasser. Erfrischung pur! Nach dreiminütigen Schwimmübungen reichte es, ich bildete mir ein, den Staub des Camino symbolisch von meinem Körper gespült zu haben. Ich fühlte mich nicht nur gereinigt, sondern gleichsam auch von meinen Sünden befreit. Während dieser Zeremonie wurde mir mehr oder weniger bewusst, dass für mich so langsam der gewohnte Alltag wiederkehren würde und ich mich gedanklich darauf vorbereiten sollte.

Ich ging zur Pension, nahm meinen Rucksack, schrieb unterwegs noch vier Karten auf einer Bank, die mich mit einem wunderschönen Blick auf das Meer verwöhnte, und begab mich zur öffentlichen Pilgerherberge. Dort nahm ich stolz meine Fisterrana, die Pilgerurkunde von Finisterre, in Empfang. Nun kam endlich zusammen, was zusammen gehörte. In ihrer Funktion als Partnerurkunde wurde sie von mir in einer unspektakulären, feierlichen Handlung mit meiner Compostela vereinigt. Als vorläufige Unterkunft diente eine in meinem Rucksack befindliche, im Pilgerbüro von Santiago erworbene Papprolle.

Mir stand noch etwas Zeit bis zur Abreise zur Verfügung. Eine prima Gelegenheit, um wieder in das mir noch vom Vorabend in guter Erinnerung gebliebene Hafenrestaurant einzukehren. In egoistischer Spendierlaune bestellte ich mir wieder eine Portion Calamari und ein Glas Rotwein. Ich fing an, mein Tagebuch zu vervollständigen. »Wo ist bloß Swantje geblieben?«, fragte ich mich plötzlich. Irgendwie hatten wir uns an unserem Traumstrand aus den Augen verloren. In Lichtgeschwindigkeit schoss die Frage wohl ins Universum. Als ich unvermittelt aufblickte, lief tatsächlich Swantje vorbei. Wieder einer dieser kuriosen Zufälle! Wieso blicke ich dann auf, wenn einer von etlichen Menschen vorbeiläuft? Eigentlich konnte sie mich nicht sehen, ich hatte mich regelrecht verschanzt. Erst durch meine lauten Rufe wurde sie auf mich aufmerksam. Wie dem auch sei, wir hatten uns wiedergefunden und lagen uns für einen Moment in den Armen. Swantje wollte erst am übernächsten Tag abreisen. Solidarisch bestellte sie sich ebenfalls ein Glas Rotwein und wir plauderten noch eine Weile über unsere gemeinsamen Erlebnisse. Dann begleitete sie mich zur Haltestelle und wartete so lange, bis der Bus abgefahren war. Ich entdeckte Tränen in ihren Augen, als sich der Linienbus um 16.45 Uhr in Bewegung setzte. Auch ich war sehr traurig. Erst spät, fast auf der Zielgeraden, hatten wir uns kennen- und schätzen gelernt und vertraulich so mancherlei Probleme ausgetauscht. Wir teilten die gleiche Sehnsucht und die Chemie stimmte ausgezeichnet zwischen uns. Zum Schluss waren wir ein richtig gutes Lauf-Duo.

Nach langer, dreistündiger Fahrzeit erreichte der Bummelbus den Busbahnhof von Santiago de Compostela. Die Rückreise war ätzend, eine für 90 Kilometer so zeitaufwendige Fahrt war kaum vermittelbar. Der Bus machte, bevor er sich endlich in Richtung Santiago bewegte, noch eine kleine Orientierungsfahrt durch jedes Kaff der Küstenregion. Zu allem Überdruss gönnte sich der völlig entkräftete Busfahrer unterwegs auch noch eine fünfzehnminütige Verschnaufpause.

Es war auffällig wärmer geworden. Die Entfernung zum bekannten Hotel Lorenzo betrug rund zwei Kilometer. Somit stand mir noch ein halbstündiger schweißtreibender Fußmarsch durch die Stadt bevor. Nach Zimmerbelegung, Duschbad und Wechsel meiner durchnässten Kleidung steuerte ich wieder schnurstracks die Umgebung der Kathedrale an. Schließlich wollte ich doch in der mir schon bekannten Bar Raxó eine Kleinigkeit essen. Einige Meter neben meinem Tisch spielte zu meiner alleinigen Unterhaltung ein Gitarrenspieler gefühlvoll südamerikanische Lieder. Es war wohl das ultimative Abschiedsgeschenk vom Apostel Jakobus extra für mich.

Die Sonne verschwand langsam hinter einer Häuserzeile und parallel dazu neigte sich meine unvergessliche Reise dem Ende entgegen. Noch einmal die Santiago-Luft tief einatmen. Irgendwie spürte ich die Einmaligkeit meiner vielen Erlebnisse und wusste, dass sich diese Wanderung für mich in diesem Leben nicht wiederholen lässt.

33 Das Finale
Santiago de Compostela – Rückflug nach Deutschland am 25.5.2011

Ich wachte um 7.00 Uhr nach sechs Stunden gutem Schlaf auf. Der letzte Tag meiner grandiosen Pilgerreise war angebrochen. Obwohl ich mich körperlich noch in dieser unvergleichlichen Stadt aufhielt, gingen meine Gedanken schon in Richtung Zuhause. Ich freute mich auf meine Familie. Meine älteste Tochter stand heute vor einer schwierigen Abi-Prüfung in Biologie. Ich würde ganz besonders in der Messe an sie denken und um göttlichen Beistand bitten.

Nachdem ich mein Zimmer geräumt hatte, kehrte ich wieder in meinem Lieblingscafé Tertulia in der Nähe des Hotels ein. Als ich das Café betrat, drang dezent »San Francisco« von Scott McKenzie aus den Boxen. Unfassbar, der Klassiker der 60er Jahre und mein absolutes Lieblingslied aus der Flowerpowerzeit erklang im Kerngebiet von Santiago de Compostela. Danach erschallte »Sounds of Silence« von Simon und Garfunkel aus der Musikanlage. Ich war wie hypnotisiert, einfach weg und alle. Intonierte Begrüßungsblumen zum Frühstück, der Tag war ab sofort, wie schon so oft auf der ganzen Tour, mein liebgewonnener Freund. Ich bestellte wie gewohnt XXL-Kaffee und zwei große Toastscheiben, eine mit Marmelade und eine mit Käse. Zum Abschied bat ich den Cafébesitzer nochmals »San Francisco« anzuspielen. Er folgte meinem Wunsch bereitwillig, ich schloss kurz die Augen und schmolz einfach nur tief emotionalisiert dahin.

In der Altstadt besorgte ich noch die restlichen Geschenke, u.a. kleine, kugelrunde, filigran verzierte Glöckchen aus Sterlingsilber, sogenannte Engelsrufer, die als Kettenanhänger Verwendung finden. Im Verkaufsshop der Kathedrale erwarb ich eine originelle, dreieckförmige Tasse mit der Aufschrift Xacobeo, Santiago de Compostela. Aus ihr würde ich künftig zu Hause meinen »heiligen« Frühstückskaffee schlürfen. Plötzlich tönte feierliche Orgelmusik aus dem Innenraum der Kathedrale. Neugierig eilte ich in die Kirche. Wieder war ein inniger Wunsch in Erfüllung gegangen: Mit funkelnden Augen konnte ich erstmals das berühmte silberne Weihrauchfass (Botafumeiro) bewundern, das mit einer Wahnsinnsgeschwindigkeit von ca. 100 km/h von Seite zu Seite des Querschiffes schwenkte. Vier kräftige Mönche zerrten mit aller Leibeskraft an den Seilen und hielten es für einige Minuten in Bewegung.

Weihrauchfass in der Kathedrale

Die 12-Uhr-Messe wollte ich mir auf keinen Fall entgehen lassen. Mein Gefühl signalisierte mir, heute würde sie ganz besonders sein. So fand ich mich schon um 11.20 Uhr im Hauptschiff ein und ergatterte so einen guten Sitzplatz. Die Messe begann pünktlich. Eine Nonne begleitete die Zeremonie mit ihrer lieblichen Stimme. Sie sang ungewöhnlich huldvoll, rein und kräftig, innerlich war ich tief ergriffen. Und am Ende kam das erhoffte Finale. Erneut wurde das etwa 100 Kilogramm schwere Weihrauchfass mit Weihrauch gefüllt und anschließend kräftig durch die Lüfte geschwenkt. Während früher die ausströmenden Düfte dazu dienten, die Gerüche von verschwitzten Pilgern zu minimieren, spielt heutzutage diese Auswirkung nur eine untergeordnete Rolle. Wohl von den Aromastoffen des Weihrauchs beflügelt, steigerte sich die Nonne in ihrer einzigartigen Gesangskunst und der Organist haute noch kräftiger in die Tasten. Was für ein einmaliges Erlebnis in dieser so großartigen Kathedrale! Dieses Spektakel ist für einen Pilger emotional nicht steigerungsfähig, und wer es noch nicht erlebt hat, hat etwas verpasst.

Nach der Messe schloss ich mental mit Santiago ab. Eine kleine Granitplatte mit einer ausgemeißelten Jakobsmuschel und ein T-Shirt waren die letzten Souvenirs, die ich mir leistete. Ich wollte jetzt einfach nur noch zum Flughafen. Die zielführende Bushaltestelle fand ich erst nach mehrmaligem Fragen. Der halbstündige Transfer verlief problemlos. Am Check-in-Schalter musste ich nochmals eine halbe Stunde warten. Mit einer Verspätung von 45 Minuten startete der Flieger in Richtung Mallorca.

Hoch über den Wolken stellte ich mir die Frage, welche Rolle wohl das Wetter auf einer langen Reise über den Jakobsweg spielen würde. Hätte tagelanger Regen mir meine überragenden positiven Erlebnisse und Erinnerungen womöglich aus dem Kopf gespült? Ein wenig schon, so glaube ich. Regen in Verbindung mit durchnässter Kleidung erzeugt bestimmt keine gute Grundstimmung und dürfte die Lauflaune negativ beeinflussen. Schlechte Wetterperioden waren mir noch zur Genüge aus diversen Urlauben in den Bergen bewusst: Langanhaltende Regenphasen und Nebeleinbrüche verderben einem den Ausflug oder vermiesen einem den geplanten Wandertag. Bezeichnenderweise zeugt die Phrase »Du machst ein Gesicht wie zehn Tage Regenwetter« von einer negativen Stimmungswandlung im Kopf eines Menschen und spiegelt den Ausdruck einer schlechten Laune wieder.

Und so wäre das wohl auch auf dem Camino gewesen. Tagelanger Regen hätte auch bei mir Wirkung hinterlassen und meine Begeisterung möglicherweise eingegrenzt. Picknicken im Regen oder Wandern auf schlammigen Wegen lässt einen Pilger nicht unbedingt frohlocken. Bei allem Glück, etwas habe ich vielleicht selbst dazu beigetragen, dass der Wettergott mir auf meiner Reise so wohlgesonnen beistand. Während ich abends, vor dem Einschlafen, noch kurz über das zuvor Erlebte nachdachte, hatte ich auch sinnlich mit meinem Unterbewusstsein gesprochen. Das ist der Teil in mir, der nicht immer mit mir spricht. Gebetsmühlenartig hatte ich mir ständig eingebläut: »Morgen wird ein schöner Tag, morgen wird ein schöner Tag!« Und es funktionierte, der nächste Tag war immer ein sonnendurchfluteter, schöner Tag! Es klingt fast wie eine sich selbsterfüllende Prophezeiung.

Wie auch immer, Sonnenstrahlen nährten mich und meine Stimmung. Mit ihrer Farbe und Helligkeit waren sie nicht nur unverzichtbare Begleiter, sondern auch positive Multiplikatoren für jeden Wandertag!

Vom Flughafen Palma de Mallorca ging es mit einer anderen Maschine weiter nach Düsseldorf, das ich gegen 22.45 Uhr erreichte. Meine Traumreise war somit beendet und mit der Landung war ich, der als einfacher Pilger Aufgebrochene, wieder sanft in mein normales Leben zurückgekehrt.

Teil 2

2012

Von Saint-Jean-Pied-de-Port nach Pamplona

34 Die Prophezeiung Saint-Jean-Pied-de-Port – Roncesvalles 27 km, am 14.5.2012

Dieser Weg wird kein leichter sein, so hatte ich es meinen Freunden prophezeit ... Es sollte eine ehrliche Ansage sein, ohne Illusionen wollte ich auf die extreme körperliche Herausforderung hinweisen. 1.270 Höhenmeter und 27 Kilometer in Kombination zu meistern, waren für einen noch nicht eingelaufenen Wanderer am ersten Lauftag wahrlich kein Pappenstiel.

Mit dem Auto fuhren wir von Frankfurt nach Saint Jean und übernachteten dort in einem Hotel. Am nächsten Morgen starteten wir, Manfred, Kurt, Edgar und ich, um 8.30 Uhr von unserem Hotel aus und wählten als Wegführung die Route de Napoleon. Bestes Wetter begleitete uns auf unserem Höhenweg. Über Huntto und Orisson erreichten wir gegen Mittag die auf einem Felsen positionierte Marienstatue der Vierge de Biakorri. Ähnlich wie am Cruz de Ferro hatten hier einige Pilger ihre Utensilien abgelegt. Die ersten 700 Höhenmeter waren geschafft und es ging weiter in Richtung Col de Lepoeder.

Hoch in den Lüften schwebten majestätisch einige Gänsegeier und hielten Ihre Flügel mit einer beachtlichen Spannweite von zwei Metern wie ein Schutzschild über unsere Häupter. Wir durchquerten weitläufiges Weideland, auf dem Manech-Schafe, Rinder und Pferde ihre nicht alltägliche Freiheit ohne Weidezäune genießen konnten.

Der Weg zog sich wie Kaugummi. Der ständige Aufstieg forderte einen erheblichen Kräfte-Tribut. Vergeblich suchte ich nach den Ley-Linien, den angeblichen Kraft- und Energieadern in der Erde. Sie blieben verborgen, zunächst jedenfalls. Vielleicht musste man erst einen erhöhten Spiritualitätslevel erreichen, um sie aufzuspüren. Wahrscheinlich war ich noch nicht auf Betriebstemperatur. Nach einer gefühlten Ewigkeit entdeckten wir eine urige, steinerne Schutzhütte. Sie war die willkommene Einladung für eine längere Rast.

Am frühen Nachmittag erreichten wir den Rolandsbrunnen auf 1.340 Metern Höhe. Hier soll schon Karl der Große seinen Durst gestillt haben. Das kühle kristallklare Wasser nutzten wir, um uns zu erfrischen und unsere nahezu aufgebrauchten Wasservorräte aufzufüllen. Einige Meter weiter deutete uns ein Stein den Übertritt nach Navarra an. Wir waren jetzt in Spanien. Doch wo waren die Grenzbeamten? Wahrscheinlich wurden Pilger von den Behörden kollektiv als seriös eingestuft! Da kann man sich die üblichen Formalitäten getrost sparen!

Grenzstein am Übergang nach Spanien: Der Weg ist das Ziel

Im Verlauf des sich anschließenden erbarmungslosen Aufstieges waren die von uns abgegebenen stöhnenden Laute unüberhörbar. Ob wir wollten oder nicht, wir spürten unser altgewordenes und noch nicht in Tritt gekommenes Geläuf deutlich. Allein Kurt wirkte noch erstaunlich leichtfüßig und frisch, mit dem Effekt, dass sich das Lauftempo unseres Seniors durchaus inspirierend auf den Rest der Peregrino-Gruppe auswirkte. So wurden die letzten Reserven mobilisiert.

Die Passhöhe Lepoeder auf 1.430 Metern erreichten wir nach einer weiteren Stunde. Ein Holzschild verwies sowohl auf den direkten Weg nach Roncesvalles als auch auf den bequemeren Pfad über Puerto de Ibañeta. Wir entschieden uns für den direkten, teils sehr steilen und steinigen Weg durch den Wald. Wer hier stürzt, insbesondere bei Regen ist die Gefahr nicht zu unterschätzen, kann sich erhebliche Verletzungen zuziehen.

Endlich erreichten wir nach vier Kilometern Abstieg sichtlich erschöpft die Abtei von Roncesvalles. Die Belohnung ließ nicht lange auf sich warten. In der Kneipe La Posada bat ich den Wirt unmissverständlich, die Fließgeschwindigkeit im Zapfhahn zu erhöhen, schließlich warteten draußen ungeduldig meine Pilgerfreunde mit einem dringendst zu löschenden Flächenbrand in ihren Körpern. Nach einigen kräftigen Zügen setzten wir den Bierkrug mit dem inbrünstigen Urschrei eines Mannes ab. Den Biergeistern war es gelungen, unsere erschlaffte Physis auf wundersame Weise wiederzubeleben!

Den 120-Betten-Schlafsaal des aus dem 12. Jahrhundert stammenden Augustinerklosters wollten wir uns nicht antun. Doch wo sollten wir übernachten? Auf Nachfrage bot uns der Kneipier ein Appartement in Espinal an. Die Hinfahrt war im Preis inkludiert. Allenthalben signalisierten wir: okay! Und um 18 Uhr startete der Pilger-Van nach Espinal. Wir staunten nicht schlecht, anstatt vor einer Pilgerherberge standen wir bald vor einem schön gelegenen Anwesen mit einer ebenso schönen, großzügigen Wohnung. Hier konnten wir uns wohlfühlen und erholen. Nach ausgiebiger Körperpflege und Versorgung der kleinen Wehwehchen wollten wir eigentlich ausgiebig speisen. Doch dieses Vorhaben scheiterte an dem äußerst überschaubaren Angebot in dem Dorf. Die Speisekarte in der einzig geöffneten Bar war in ihrer Reichhaltigkeit überragend: Es gab nur ein einziges Gericht, ein bescheidenes Pilgermenü. Noch überragender war die Person des Kellners: Die tiefschwarzen Trauerränder unter seinen Fingernägeln verrieten uns zunächst hygienische Defizite. Bemerkenswert war dann, dass er bei der Übergabe der randvoll gefüllten Suppenteller seinen Daumen auffällig tief in die Linsensuppe eintauchte. Wollte er auf diese Weise etwa seine Finger reinigen? Wir nahmen es gelassen.

35 Der Baske
Espinal — Zubiri, 16 km am 15.5.2012

Kurts Körper konnte sich über die Mischung von Kraftaufwand und Linsensuppe nicht wirklich freuen und so verbrachte er einen Teil der Nacht sitzend in der wandhoch gekachelten Stätte. Edgar klagte über Schlafprobleme und meine Nachtruhe war durch Bettnachbar und Unruhestifter Kurt stark beeinträchtigt worden. Einzig und allein Manfred hatte eine perfekte Nacht. Nicht unbedingt gute Vorzeichen für die bevorstehende Wanderetappe.

Nach dem Frühstück in einer Bar standen wir um 10.00 Uhr wieder auf den nur mäßig erholten Beinen, die uns heute im Energiesparmodus nach Zubiri tragen sollten.

Auf einer Weide kurz hinter Viscarret beäugten in auffälliger Weise einige Schafe die vier vorbeiziehenden Pilger aus dem Ruhrgebiet. Was mochten die bloß denken? Mit Kennerblick bemühte ich mich das hochkomplexe Denkgerüst der Tiersprache zu entziffern. Gras kauend meinte wohl das Schaf: »Wir stehen hier auf grünen saftigen Wiesen, fressen uns jeden Tag in aller Ruhe den Bauch voll und schauen grinsend auf diese verrückte Pilgerschar mit den dicken Rucksäcken auf ihren geschundenen Rücken, mit ihren unzähligen Blasen an den wund gelaufenen Füßen und die Santiago-Kirche in ihren starren Blicken.« Wie schön ist es doch, ein Schaf zu sein! Birgt diese Aussage etwa Neidgefühle? Nein! Im Zweifel spiele ich doch lieber die mir zugewiesene Rolle als »Mensch« weiter!

Über eine mittelalterliche Brücke, die sich über den Rio Arga erstreckt, erreichten wir gegen 16.00 Uhr das baskische Örtchen Zubiri. Der Brücke werden wundersame Kräfte zugeschrieben: Einem alten Ritus nach soll angeblich Vieh vor Krankheiten geschützt werden, wenn es dreimal um den Mittelpfeiler geführt wird.

Unser Plan, in der Herberge Zaldiko zu übernachten, löste sich in Luft auf, sie wurde schon von schnelleren Pilgern belegt. Als wir unverhofft dort eintraten, wartete in einem kleinen Vorraum blutüberströmt eine ältere Pilgerin auf den Krankenwagen. Sie war beim steilen Abstieg kurz vor Zubiri übel gestürzt und hatte sich Kopfverletzungen zugezogen. Unsere guten Wünsche begleiteten sie.

Wir zogen weiter, doch die ohnehin knappen Unterkünfte in diesem kleinen Örtchen waren anscheinend in Gänze belegt. Waren wir dem berüchtigten »running for bed« zum Opfer gefallen? Was machen? Am besten Einheimische ansprechen. Und genau das taten wir. Vor einer ausgebuchten Pension fragten wir einen großgewachsenen Basken, der gerade seinen kleinwüchsigen Collie Gassi führte, nach einer Bleibe. Obwohl die Verständigung schwierig war, entwickelte er hektische Aktivitäten mit seinen tennisschlägergroßen Händen auf seinem Handy. Wie konnten die ein-Euro-großen Fingerkuppen bloß Druck auf die doch zierlichen Handytasten ausüben? Egal, die Technik funktionierte und nach einem kurzen Telefonat führte er uns mit einem unmissverständlichen Wink zu einem Haustrakt. Wir staunten nicht schlecht über das Komfortappartement mit drei Schlafzimmern. Überglücklich und gerne zahlten wir hierfür einen fairen Preis.

In Ermangelung geeigneter Möglichkeiten zu speisen, ergriffen wir selbst die Initiative und gingen zu einem kleinen, aber gut sortierten Lebensmittelgeschäft. Der Laden atmete den Charme vergangener Tage. Hier wurden wir glatt in die 60er Jahre zurückversetzt. Die Verständigung war zunächst holprig, denn der Inhaber sprach nur spanisch. Zufällig war aber ein deutsch sprechender Spanier im Geschäft und übersetzte unseren Wunschzettel. Als wir nach Salz fragten, ging der Ladeninhaber zu einem Sack, füllte einen Scheffel, legte ein Blatt Papier auf die Theke und fragte uns nach der Dosierung. Wir mussten schmunzeln. Das gleiche Ritual spielte sich ab, als wir Pfeffer verlangten. Ach, wie schön war doch die gute alte Zeit: Persönliche Bedienung, Kontakt, Service, all das, was wir heutzutage vermissen und bemängeln, bot dieses Geschäft. Solche Tante-Emma-Läden sollten unserer Nachwelt unbedingt erhalten bleiben! Vom Aussterben bedroht, sind sie ein Stück vergangene Kauf- und Bedienungskultur!

Unsere 2-Sterne-Hobby-Köche Kurt und Manfred wirbelten anschließend in unserer gut ausgestatteten Appartement-Küche und zauberten perfekte Entrecotes mit diversen Beilagen auf die Teller.

36 *Knisper, knusper, knäuschen*
Zubiri — Pamplona, 16 km am 15.5.2012

Warum ist ein gutes Frühstück für einen Pilger so wichtig? Ist doch logisch, weil Körper und Gehirn nach dem Schlafen mit Nährstoffen versorgt werden müssen! Wie schön, dass sich Zubiri von **z**ünftig **u**nd **bi**llig **ri**chtig gut frühstücken ableiten lässt.

In dem nostalgischen Lebensmittelladen vom Vorabend, der sich noch in eine kleine Bar verzweigte, nahmen wir ein formidables Frühstück ein. In diesem Nährstoffdepot bettelten echter Serrano-Schinken, Käse und Rühreier geradezu darum verzehrt zu werden. Nachdem die Fragen »wer«, »was«, »wie viel« und »wie oft« geklärt waren, griffen wir hemmungslos zu und stiegen erst gegen 10.00 Uhr mit ziemlich dicken Bäuchen wieder in die nächste Etappe ein.

Ein letzter Blick auf die schöne Brücke, und wir verabschiedeten uns von dem Dorf. Vorbei an einem Abraumgelände einer Magnesiumfabrik gelangten wir nach Illaratz und verweilten dort kurz an einem alten Dorfbrunnen.

Ein kurzer Abstecher nach Larrasoaña diente eigentlich der in meinem Reiseführer verzeichneten Bar. Aber in dem leblosen Dorf gab es keine Bar, zumindest keine geöffnete. Die Bewohner legten die Siesta wohl großzügig aus und verkrochen sich schon vormittags in ihren Behausungen. Wir zogen weiter. Der Weg schlängelte sich abwechslungsreich, mal schattig durch kleine Wäldchen, mal am idyllischen Río Arga und dann auf schönen Bergpfaden entlang.

Am Nachmittag erreichten wir die berühmte sechsbogige Brücke über den Río Ulzama bei Trinidad de Arre und gleichzeitig Villava, einen Vorort von Pamplona. Von der Brücke erhält man einen einzigartigen Blick auf die terrassenförmigen Wasserstufen und den weiteren Flussverlauf bis tief nach Villava hinein. Nach einer letzten Zwischenstation in einer Caféteria stießen wir auf das in der Nähe des Camino gelegene Hotel Villava. Wie im Vorjahr wurden wir an der Rezeption gewohnt freundlich und zuvorkommend empfangen. Und anschließend? Frischmachen, Schönmachen, Bus nehmen und Abfahren zum vergnüglich, lockeren Altstadtbummel!

Idyll kurz vor Pamplona: Trinidad de Arre

Was ist Pamplona ohne seinen köstlichen Rioja-Rotwein und die unwiderstehlichen Tapas? Die obligatorische Einkehr in Hemingways Lieblingscafe Iruña sollte der Anfang und nicht das Ende sein. Die Theke offenbarte einen Augenschmaus von kulinarischen Kostbarkeiten. Wir verlangten nach den besten Tapas-Leckereien und wir wurden nicht enttäuscht. Fischhäppchen mit Wachteleiern wanderten mehrmals in unsere aufnahmebereiten Rachen. Und wie der blutrote Rioja wieder schmeckte! Rioja ist unschlagbar! Gläschen für Gläschen bewegte sich in Eigendynamik vom Ausschank in unsere Richtung. Und wie selbstverständlich warteten noch weitere Tapas-Bars auf uns ...

Am nächsten Morgen war Normalität nicht das richtige Wort. Ich hatte einen Brummschädel wie schon lange nicht mehr. Und die Augenränder meiner Pilgerfreunde verrieten mir: Auch sie hatten eine schwere

Nacht. Wie ein tattriger Greis packte ich im Zeitlupentempo meine Sachen und begab mich behäbig zum Aufzug. Meine Wahrnehmung war immer noch von Unschärfe geprägt, als wir mit dem Bus wieder zur Altstadt fuhren. Ein leichtes Frühstück sollte uns wieder auf die Beine helfen.

Unser besonderes Interesse galt heute der deutschen Pilgerherberge Casa Paderborn. Von ihr hatten wir viel Gutes gehört. Nach einem Gang über die aufragende Burganlage erreichten wir über einen öffentlichen Fahrstuhl, der die Burg mit der zur Herberge führenden Straße verbindet, in der Mittagszeit das schnuckelige Knusper-Häuschen. Das Refugium wird von den Hospitaleros des Freundeskreises der Jakobuspilger Paderborn bewirtschaftet und verfügt über eine recht begrenzte Anzahl von 26 Betten. Die wunderschöne, idyllische Lage direkt am Ufer des Río Arga und der Altstadt multipliziert sie zu einer begehrten Unterkunft. Meistens werden die Schlafplätze schon kurz nach der Öffnung komplett vergeben. Dass hier deutsche Gründlichkeit herrscht, durfte die wartende Pilgerschar schon gleich am Eingang erfahren. Anstatt mit »Knisper, knusper, knäuschen, wer klopft denn an mein Häuschen« wurden sie von der resoluten Hospitalera mit »Bitte einzeln eintreten!« begrüßt. Und voller Demut folgten die Pilger dieser Aufforderung. Ungeachtet unserer touristischen Aufmachung konnten wir die schönen Räumlichkeiten besichtigen und erhielten den beliebten Stempel für unseren Pilgerpass.

Wir gingen zur Altstadt zurück. Schließlich wollten wir uns vor der Rückfahrt nach Saint Jean noch ein wenig stärken. Das Mittagsmenü in einem vornehmen Restaurant leitete gleichzeitig den Abschied von Pamplona und dem Jakobsweg ein.

Die Alternative zur Busverbindung über die Pyrenäen hieß Taxi. Gefüllt mit vier Personen war es nur unwesentlich teurer. Der Bequemlichkeit folgend setzten wir uns schließlich in ein Taxi, das uns zurück nach Saint Jean befördern sollte. Unterwegs fuhren wir durch viele Ortschaften, die wir auf dem Pilgerweg passiert hatten. Leichte Wehmut erfüllte mich, aber ich wusste, es war kein Abschied im eigentlichen Sinn, sondern nur ein Weggehen, um wiederzukommen. Junge, komm bald wieder, würde *Freddy* wohl sagen!

Herberge Casa Paderborn

In der Nähe der Casa Paderborn: Eigenwillige Fußgängerbrücke über den Río Arga

Teil 3

2013

Meseta

Von Burgos bis León

Vorweg

Wir, mein Freund Kurt und ich, flogen mit dem Flugzeug von Düsseldorf nach Bilbao, übernachteten dort und fuhren am nächsten Tag mit einem ALSA-Bus nach Logrõno. In sechs Tagen wanderten wir rund 120 Kilometer bis nach Burgos. Von dort kehrte Kurt wieder zurück und ich setzte meine Wanderung durch die Meseta alleine fort.

Die gesamte Wanderung stand wettermäßig unter keinem günstigen Stern. Insbesondere in den ersten Tagen setzten uns Regen und Kälte mächtig zu. Wer hätte gedacht, dass uns der Mai mit gruseligen Temperaturen von unter 10 Grad empfangen würde? Mein Glück aus den Vorjahren, als ich jeweils zur gleichen Zeit unterwegs war und bei wohligen Klimabedingungen von 25 Grad pilgern konnte, weiß ich nun umso mehr zu schätzen. Ein Hagelschauer mit erbsengroßen Hagelkörnern kurz hinter Santo Domingo war der Höhepunkt der Wetterkapriolen. Die Besichtigung der weltbekannten Ausgrabungsstätte bei Atapuerca fand bei 4 Grad statt. Eine kräftige Erkältung, die mich anfangs stark beeinträchtigte, war die Folge. Sicherlich auch die Auswirkung meiner falschen Planung, was die Wanderkleidung anbelangt.

Für die Meseta möchte ich einen Stab brechen. Viele meiden diese etwa 180 Kilometer lange Etappe wegen ihrer Eintönigkeit und reisen lieber mit dem Bus von Burgos nach León weiter. Ein großer Fehler. Auch ich hatte diese Etappe in 2011 ausgespart, allerdings aus Zeitgründen. Die Meseta ist alles andere als langweilig, sie ist einladend, bizarr, bietet eine vielfältige Flora und ist schlichtweg eine Offenbarung. Die unterschiedlichen Vogelarten, insbesondere die auffällig große Schwalbenpopulation, sind Beweise für eine noch intakte Natur. Die Meseta auf ihren Reichtum an Agrarprodukten zu reduzieren, käme ihr nicht gerecht. Für den Pilger ist sie eine wahre Schatzkammer für die Seele. Wo sonst auf dem Jakobsweg kann man so tief in seine innere Welt eintauchen und sich spirituell so ausleben wie in dieser Landschaft? Ich habe die Meseta fest in mein Herz geschlossen!

37 Vergissmeinnicht
Burgos — Hontanas, 27 km am 22.5.2013

Kurt hätte am liebsten das Steuer nochmals rumgeworfen, als wir uns in den Armen lagen, und uns im Hotel voneinander verabschiedeten. Aber seine Rückkehr in die gewohnte Heimat war aus beruflichen Gründen unabänderlich.

Noch im Randgebiet von Burgos lernte ich eine ältere Norwegerin aus Oslo kennen. Irgendetwas stimmte nicht. Entweder war der Rucksack zu groß, oder sie war zu klein für dieses Monstrum. »Dein Rucksack sieht nicht gerade leicht aus«, gab ich fast bedauernd zu erkennen. »Ja, er ist ziemlich schwer, wohl an die 12 Kilo«, meinte sie. »Das ist doch viel zu schwer für dich!« »Das geht schon! Ich bin stark und habe kräftige Beine«, meinte sie. Kräftige Beine? Sie trug zwar eine lange Hose, aber nach meiner Beobachtung wirkten nicht nur sie, sondern gerade ihre Beine zerbrechlich. »Was wiegst du« fragte ich vorsichtig. »49 Kilo«, meinte sie etwas kleinlaut. Ich war schockiert. Ein Viertel des Körpergewichtes zu schultern, das hält die stärkste Physis nicht aus, schon gar nicht im fortgeschrittenen Alter. Manche Pilger überschätzen sich maßlos! Wir gingen noch einige Kilometer zusammen, dann musste sie eine Erholungspause einlegen. Mit einem gut gemeinten »Buen Camino« verabschiedete ich mich von ihr.

Hinter Tardajos durchpflügten einige Bartgeier die Lüfte. Ein von einem Düsenjet hinterlassener Kondensstreifen führte direkt in die Meseta. Jetzt konnte nichts mehr schiefgehen, der Himmel war ab sofort mein Partner und Richtungsgeber. Herrlich blühende Vergissmeinnicht säumten vereinzelt den Wegesrand. Welche Botschaft wollten sie mir vermitteln? Vergiss nicht, woher du kommst oder wer du bist? Oder, vergiss das schlechte Wetter der vergangenen Tage und glaube an die Wetterwende. Daran wollte ich gerne glauben. Die schien tatsächlich einzukehren. Mittags riss die Wolkenpampe auf und eine wohltuende Wärme umhüllte die Landschaft. Wer hämmert denn da von innen gegen meinen Rucksack? »Wir wollen an die frische

Luft«, quengelten meine Sandalen und meine Füße gaben das gleiche Signal. Vor Hornillos del Camino machte ich auf einer Anhöhe eine längere Pause und wechselte auf »Sommerreifen« um.

Trotz dieser Erleichterung gingen meine Kraftreserven schnell zur Neige. Die in Atapuerca eingefangene Erkältung marterte mich, für heute jedenfalls. Ich musste eine Lösung finden. Etwa fünf Kilometer vor Hontanas lud mich die winzige Herberge San Bol zur Einkehr ein. Romantisch und einsam in einem kleinen Tal gelegen, wurde sie förmlich von der Stille des Weges umarmt. Der herrliche Garten mit einem kleinen Quellbecken ist an wärmeren Tagen bestimmt der Renner. Bei acht Grad Außentemperatur wäre der Aufenthalt dort eher etwas für Hartgesottene gewesen. Mich zog es mehr in die Herberge, die keine Heizung besaß und auch nicht viel wärmer war. Nach Rücksprache mit der Herbergsmutter durfte ich wenigstens den Eisenofen anfeuern. Die Strahlungswärme brachte zwar ein paar Grade, aber von Behaglichkeit im Heim konnte keine Rede sein.

Weg kurz vor Hornillos del Camino

38 Die Alpen sind überall
Hontanas — Fromista, 39 km am 23.5.2013

Es hätte eine gute Nacht werden können. Hätte! Fünf Pilger in einem 10-Betten-Schlafsaal waren eine überschaubare Besetzung. Doch ein spanischer Pilger, bärtig, stämmig, fies, ein Vierkant in Gestalt, hatte etwas dagegen. Mein Schnarcher-Röntgenblick entlarvte ihn schon am Vorabend als schlaftötendes »Subjekt«. Mit der Urgewalt eines Holzfäller-5-Sterne-Schnarchers verhagelte er mir die Nacht. Meine ohropaxdurchtränkten Gehörgänge gaben die Töne permanent an mein Gehirn weiter und das reagierte mit Wachbleiben!

Nach dem kargen Frühstück setzte ich mich in aller Herrgottsfrühe kraftlos wieder in Bewegung. Schon bald schaltete sich rückwärtig das Sonnenlicht ein, wodurch mein eigener Körper riesige Schatten vor sich her trieb. Ich war jetzt der Schattenmann und beschloss, meine miese Laune durch spirituelle Eingebungen wegzuspülen. Die Frühaufsteher unter den Vögeln begleiteten mich mit klangvoller Musik wie aus einem Live-Konzert. Spontan sang ich mich durch einige meiner eigenen Camino-Lieder in Stimmung. Meine schlechte Gemütsverfassung änderte sich schlagartig und auch meine Müdigkeit schien überwunden. Mein Körper ließ sich nicht lumpen und schaltete auf Nähmaschinengang. In Hontanas war die schlechte Nacht bereits vergessen. Ich querte das schöne Dorf und lief stramm weiter. Es war wolkenlos, um die 10 Grad. Leuchtend rote Mohnblumen standen wie Markierungspunkte links und rechts des Weges Spalier und die Vögel zwitscherten in unverminderter Lautstärke ihre Camino-Melodien.

Nach einer Stunde erreichte ich die Klosterruine von San Antón. Sie zählt zu den sonderbarsten Ruinen auf dem Jakobsweg. Die Landstraße verläuft kurioserweise mitten durch das Bogengewölbe, das einst Kloster und Kirche miteinander verknüpfte. Die Steinreste zeugen vom gotischen Convento de San Antón, einst Spital und Kloster der Antoniter. Gelegentlich werden rechts in den beiden Nischen unter den Bögen Nachrichten, Bitt- und Dankesschriften hinterlassen.

Klosterruine San Antón

Am Fuß des Bergkegels von Castrojeriz liegt ein weiteres begehrtes Fotoobjekt: Die idyllisch gelegene Stiftskirche Santa Maria del Manzano. Am Ende des Dorfes gönnte ich mir in einer Bar eine Pause und einen frisch gepressten Orangensaft. Diese kleine Erfrischung war notwendig, denn kurze Zeit später erwartete mich ein Aufstieg von 200 Höhenmetern. Beachtliche 12 % Anstieg stand auf einem Schild. Und ich dachte, die Meseta sei flach! Unzählige Raupen pilgerten ebenfalls auf diesem Wegabschnitt. Sie kamen aus allen Richtungen. Viele von ihnen überlebten ihre Pilgerwanderung nicht, denn menschliche Wanderschuhe zermalmten sie gnadenlos. Nach einer halben Stunde hatte ich die 900 Meter hohe Hochebene des Tafelberges erreicht. Sie ermöglicht schöne Blicke zurück. Ohne Pause wanderte ich weiter durch dieses einzigartige Gebiet. Und dann ging es auf einmal bergab. Und wie! Sagenhafte 18 % standen auf einer Tafel. Ich dachte erst, sowas gibt's nur in den Alpen. Aber die Alpen sind wohl überall!

Aufstieg zum Tafelberg….

….und das Landschaftsbild beim Abstieg

Kurz vor Itero de la Vego führt eine malerische mittelalterliche Brücke über den Río Pisoerga. Nach Durchquerung des Örtchens ging es über eine kilometerlange, baumlose Laufpiste weiter. Als Endstation hatte ich mir inzwischen die Ortschaft Boadilla del Camino ausgeguckt.

Es war unterdessen richtig warm geworden, schätzungsweise 20 Grad. Ich schwitzte aus allen Poren. Ich hielt an, streifte meine Jacke ab und lief zum ersten Mal mit einem T-Shirt weiter. Das machte noch ein paar Prozent mehr Leistung locker und die waren auch notwendig. Um 16.00 Uhr stand ich völlig erschöpft vor den Toren der Herberge En el Camino in Boadilla. Ich lief zunächst nach links in den Schlaftrakt, merkte aber dann, dass dies falsch war. Also drehte ich um und ging zum nächsten Gebäude. Genau in diesem Moment wurde ich von einem holländischen Pilgerpaar eingezwängt. Der Mann lief jetzt vor, die Frau hinter mir. In dieser Reihenfolge liefen wir zur Rezeption. »Es sind nur noch zwei Betten frei«, meinte der Herbergsvater. Bei mir gingen die Jalousien runter. Eine wirklich dumme Situation! Natürlich nahm der Holländer beide Betten, ohne eine Geste des Bedauerns für mich! Das ärgerte mich, denn so eindeutig war sein Anspruch nicht. »Du kannst gerne auf dem Flur schlafen«, meinte der Herbergsvater gnädig. »Das kommt für mich nicht in Frage, ich habe die letzte Nacht kein Auge zugetan«, entgegnete ich frustriert, »kennst du nicht irgendeine Privatadresse im Dorf? Ich kann nicht mehr.« Er zuckte nur mit den Achseln. Entweder wollte oder konnte er mir nicht helfen. Enttäuscht wandte ich mich von ihm ab und verließ die Herberge.

Was machen? Ich nahm meinen Wanderführer. Fromista lag 6 Kilometer entfernt. »Du hast keine andere Wahl«, redete ich mir ein, schüttelte mich und lief los. Aber ich war platt, ich quälte mich nur noch über den ansonsten schönen Wegabschnitt, der entlang des Canal de Castilla führte. Die Schmerzen in den Füßen und den Hüften nahmen ständig zu, wie lange konnte sich mein Kopf als Herrscher über meinen Körper noch durchsetzen? Meine Schritte wurden immer langsamer. Mein Blick war starr. Ich war nicht mehr aufnahmefähig für Reize von außen. Einen Liter Wasser hatte ich innerhalb einer Stunde verbraucht. Irgendwann fehlt der Glaube, überhaupt noch auf eine Ortschaft zu stoßen. Nach Überquerung eines Wehrs blickte ich endlich auf Fromista. Um eine gute Unterkunft auszumachen, taumelte ich in trunkener Benommenheit noch durch einen Teil der Stadt. Dann kam die ultimative Erlösung: In einem schön gelegenen Hostal fand ich ein tolles Quartier. Einzige Bürde: Das Zimmer lag im 2. Stock. Natürlich kein Aufzug! Ich schleppte mich nach oben, legte meinen Rucksack ab und schmiss mich bäuchlings auf das Bett. Mir tat alles weh. Nach einer ausgiebigen Dusche kam die Stunde der Wahrheit. Das Ergebnis meiner Gewaltwanderung lautete: Ein wundgelaufener Po, zwei Blasen unter den Füßen und Schmerzen in der Hüftgegend.

Kaum in der Lage, astete ich nach notdürftiger Erstversorgung meiner Blessuren noch zu einer Apotheke. Dort erhielt ich die erbetene Wundsalbe. Auf dem Rückweg besorgte ich mir noch einige Lebensmittel, insbesondere eine große Packung Räucherlachs fand mein Gefallen. Den Rest des Abends wollte ich nur noch liegend in meinem schönen Zimmer verbringen. Und dabei den Lachs verzehren.

Wie sollte es am nächsten Tag weitergehen? Ich wusste es nicht. Ich vertraute meinem Körper und den heilsamen Kräften der Nacht.

Meseta, weites Land

39 *Der Pilgersegen*
Fromista — Carrión de los C., 21 km am 24.5.2013

Oh, Du göttlicher Schlaf! Er hatte meinen geschundenen Körper mit neuer, frischer Kraft geflutet und die Zeiger wieder auf null gestellt. Halleluja! Keine Schmerzen mehr. Nirgendwo! Es ging tatsächlich weiter!

Ich zog um 8.30 Uhr los. Um die Pilgerautobahn zu vermeiden, entschied ich mich in dem Örtchen Pablación de Campos die empfehlenswerte Nebenroute nach Villacázar de Sirga zu nehmen. Eine sehr gute Entscheidung! Sie führt größtenteils am idyllischen Río Ucieza entlang, der dem Wegabschnitt eine romantische und einsame Note verleiht. Für mich eine optimale Gelegenheit, um wieder ausgiebig mit Flora und Fauna zu kuscheln. Vögel zwitscherten, das Flüsschen rauschte an manchen Stellen und Frösche quakten stimmgewaltig um die Wette. Eigentlich die ideale Kulisse, um sich spirituell in Hochform zu bringen. Aber im Moment fand ich keinen Zugang für eine innere Einkehr.

In Villacázar de Sirga stieß ich wieder auf die Pilgerautobahn und die Schar der Pilger. Sechs lange Kilometer verläuft nun der Weg kerzengrade an einer großen Straße entlang bis nach Carrión de los Condes. Dabei führt die Strecke rund fünf Kilometer bergauf, um sich dann wieder zu senken. Und erst auf der Bergspitze kommt die Silhouette der Stadt zum Vorschein.

Kurz vor Carrión lernte ich den Franzosen Jean aus Straßburg kennen. Jean war Jahrgang 1952 und nahm den Satz »Der Weg beginnt ab deinem Haus« wörtlich und wanderte bereits in 2012 von seiner Haustür aus nach Saint-Jean-Pied-de-Port. In diesem Jahr setzte er seine Wanderung von Saint Jean aus fort. Jean war gelernter Elektriker und nutzte die Gelegenheit, um vor einigen Jahren vorzeitig aus seinem Berufsleben auszuscheiden. Seitdem baute er seiner Tochter ein Haus, kaufte und renovierte noch ein weiteres Mietshaus und handelte mit Traktoren. Seine eigene Sammlung umfasste 15 Trecker, die er in einer Halle unterbrachte. Seine Geschäftstätigkeit schien sehr ausgeprägt zu sein, denn plötzlich klingelte das Handy. Ungewollt wurde ich Zeuge eines telefonischen Verkaufsgespräches. Auf dem Jakobsweg Trecker verkaufen? Hm! Bestimmt war es ein Kandidat, der mit dem Trecker über den Camino pilgern wollte.

Wir kehrten in das historisch wertvolle Klarissen-Kloster Santa Clara ein. Die Herberge lag direkt am Ortseingang und verfügt über einen schönen Innenhof. Ansonsten war sie spartanisch ausgestattet. Ein nüchternes, etwa 12 Quadratmeter großes Zimmer, mit vier Einzelbetten bestückt, wurde unser »Gastgeber« für die kommende Nacht.

Nach der Bettbelegung schlenderten Jean und ich durch die Kleinstadt am Ufer des Río Carrión, die in ihrer mittelalterlichen Blütezeit ihren Bürgern beachtlichen Wohlstand bot. An einem halb verfallenen Kirchturm blieben wir stehen. Drei Weißstorchenpaare hatten sich auf den Mauerresten eingenistet. Kurios, ein Storch kämpfte noch mit einer kleinen Schlange, die sich mühte, seinem Schnabel zu entrinnen, aber sie war chancenlos. Es konnte nur einen Sieger geben!

Wir setzten uns in ein Café, tranken einen schönen Café con leche und verzehrten zwei Stücke Kuchen. Ein großes Bier sollte folgen. Wir genossen es, auszuruhen und zu entspannen. Und das bei Sonne pur und angenehmen Temperaturen.

Die Stadt pulsierte. Hunderte von Pilgern hielten sich wohl heute hier auf und füllten den Ort mit einer unüberhörbar bunten Sprachenvielfalt. Einige bekannte Gesichter waren auch darunter. Insbesondere Jean erfreute sich eines großen Bekanntheitsgrades.

Mich zog es wieder zum Bummeln in die Stadt. Mein besonderes Interesse galt der Pilgermesse in der Kirche Santa Maria. Sie begann um 20.00 Uhr und war eine einzigartige Darbietung kirchlicher Liturgie. Nach der Messe wurden die Pilger nach vorne gebeten. Eine Nonne fragte nach den Nationalitäten. Amerikaner, Australier, Koreaner, Südafrikaner, Italiener, Franzosen, Deutsche und Spanier hoben jeweils ihre Hände. Spätestens ab diesem Zeitpunkt verschmolzen wir zu einer einträchtigen Glaubensgemeinschaft. Der sich anschließende persönliche Pilgersegen jagte mir einen Schauer über den Rücken. Sehr lange berührte der Priester meinen Kopf und segnete mich mit voller Hingabe. Bedauerlicherweise konnte ich kein einziges Wort verstehen. Eine Nonne schenkte mir anschließend noch einen kleinen bunten Papierstern, der mich auf meinem weiteren Weg beschützen sollte. Drei weitere Nonnen begleiteten mit Gitarre und Gesang diese einzigartige Segenszeremonie. Sie sangen voller Anmut, huldvoll und leidenschaftlich. Ich war ganz tief berührt. Dieser Pilgersegen bleibt wie Klebstoff an meiner Seele haften. Ich werde ihn nie vergessen. Er war der schönste auf dem ganzen Jakobsweg.

Unzählige Pilger weilten in dieser lebendigen Stadt, aber die Gebetsmesse war nur mäßig gefüllt. Wie schade. Vielleicht nahmen rund dreißig von ihnen an dem Gottesdienst teil. Eine verschwindend kleine Anzahl. Der religiöse und historische Hintergrund gerät offensichtlich immer mehr in den Hintergrund. Ein Indiz für den Verfall der Grund- und Glaubenswerte des Pilgerweges? Meiner Ansicht nach schon! Der Jakobsweg war einmal ein Weg des Glaubens. Doch ist er es heutzutage wirklich noch? Zweifel sind angebracht.

Pilgersegen in der Kirche Santa Maria in Carrión de los Condes

40 Josef
Carrión de los Condes — Terradillos de los Templarios, 28 km am 28.5.2013

Es war einmal ein Monat Mai, der mit angenehmen Temperaturen seine Pilgerschaft erfreute. Doch in diesem Jahr war alles anders. Die Eiszeit kündigte sich an!

In der Frühe begann die längste Meseta-Etappe ohne zwischenzeitliche Einkehrmöglichkeit. Es war wolkenlos, aber eisig kalt. Drei Grad vielleicht. Die Gräser erstarrten in ihrem bepuderten Rauhreif-Mantel. Thermokleidung hätte mir gutgetan, aber nichts dergleichen gehörte zu meiner Ausrüstung. Um meine klammen Finger in der Hosentasche einigermaßen wärmen zu können, wechselte ich eine Zeit lang meine Nordic-Walking-Stöcke von der einen in die andere Hand.

18 Kilometer ohne Ortskontakt sind eine besondere Herausforderung für die Physis und den Geist. Aber auch eine Chance sich spirituell auszuleben. Einerseits fühlt man sich der Weite der Landschaft ausgeliefert, andererseits produziert die Natur einen wahrnehmbaren quellfrischen Botenstoffcocktail des Glücks und des Wohlbefindens. Eine geradezu ideale Situation, um aufzutanken. Stille gefällig? Dann entnehme man diesen Zapfhahn aus der Tanksäule. Nachdenken über Gott und die Welt? Dann nehme man besser den Zapfhahn mit der Aufschrift »Superbenzin«! Problembewältigung? Der Zapfhahn mit 100 Lösungsoktan wäre jetzt die richtige Idee! Alles ist kostenlos und steht unbegrenzt zur Verfügung. Man muss nur zugreifen.

Ich hatte mir für den Moment den Zapfhahn »Musik« ausgesucht. Die Zeit für ein neues Lied war reif. Den Titel legte ich spontan fest, »Meseta« sollte meine neue Kreation heißen. Eine bestimmte Melodie ließ mich nicht mehr los. Sie war das musikalische Gerüst. Ich studierte sie ein. Immer wieder stoppte ich meinen Lauf, zückte mein Notizbuch aus der Jackentasche und notierte meine Geistesblitze. Dabei ließ ich mich stark von der maßlosen Schönheit dieses Streckenabschnittes leiten. Am Ende der Etappe war »Meseta« geboren:

→

Meseta

Ich bin allein mit mir und habe Blumen im Visier,
habe mich bewegt und mit frischer Luft belebt,
Du zeigst mir heut Dein Kleid und bist jetzt meine Maid,
verschenkst Dein grünes Band, hab' vielen Dank.

Meseta, weites Land, Du reichst mir jetzt Deine Hand,
Du gibst mir einen Teil von Deinem Reichtum,
gibst mir von Deiner Fülle, unverdünnt und immerzu,
bohrst in meinen Gefühlen, bist Meseta pur …

Me-e-e-se-e-ta, Me-e-e-se-e-ta,
gibst mir von Deiner Fülle, unverdünnt und immerzu,
bohrst in meinen Gefühlen, bist Meseta pur …

Die Schnecke spricht zum Frosch, mache Dir bloß keinen Kopf,
lausche schön und horch und achte auf den Storch,
der Milan, ja, der schwebt, schaut auf das, was sich bewegt,
ausdauernd und auch lange, manchem Tier wird's bange,

Refrain: Meseta, weites Land …

Mein Körper drehte jetzt erst richtig auf, ich hatte einen richtigen Lauf. Das Wort Limit mutierte zum Fremdwort. Leichtfüßig und unangestrengt bewältigte ich die ersten 20 Kilometer. Vielleicht beflügelte auch das heute Abend stattfindende Champions-League-Finale zwischen Bayern München und Borussia Dortmund meine Beine. Als begeisterter Fußballfan wäre ich wohl bis ans Ende der Welt gelaufen, um dieses Jahrhundertspiel irgendwo am Fernseher miterleben zu können. Im Augenblick war ich nur noch kopfgesteuert.

In Terradillos warf ich mal eben einen neugierigen Blick in die Albergue de los Templarios. Voller Freude erspähte ich einen großen

Fernseher in der Bar. Als ich dann noch Jean entdeckte, war klar, hier wird der große Fernsehabend stattfinden. Die Herberge gefiel mir ohnehin gut. Mit Internet, Waschmaschine, einer gepflegten größeren Außenanlage und den schönen Zimmern strahlte sie Wohlfühl-Atmosphäre aus. Mein 4-Bett-Zimmer besaß sogar ein integriertes Bad.

Im herrlichen sonnendurchfluteten Garten ließ es sich gut aushalten. In aller Ruhe konnte ich waschen, das Tagebuch vervollständigen, mich unterhalten oder einfach nur relaxen.

Wie schön ist es doch endlich mal Zeit zu haben und nicht unter Druck zu stehen! In meinem Leben war das oft anders. Ob beruflich oder privat, ich bin wohl der Prototyp, um sich selbst unter Druck zu setzen. Ich kann gar nicht anders. Ich liebe zwar auch die Ruhe und entspanne mich gerne, im Zweifel entscheide ich mich aber lieber für Aktionismus. Stundenlang wie andere am Strand liegen und dabei ein Buch lesen? Geht gar nicht. Mit mir jedenfalls nicht! Viel lieber widme ich mich sportlichen Aktivitäten oder erforsche neugierig die Gegend. Mein Leben ist stringent an die Uhr gekoppelt. Ich bewundere Menschen, die sich dafür entscheiden, auf das Tragen einer Uhr generell zu verzichten. Um Zeitdruck zu verhindern, fahren sie meistens einen Zug früher als notwendig, steigen dann tiefenentspannt aus, trinken im nächsten Café einen schönen Cappuccino und lesen die Zeitung in aller Ruhe zu Ende. Ich gehöre eher zu denjenigen, die sich um »5 vor 12« zum Bahnhof begeben oder sich auf den letzten Drücker auf irgendetwas einstellen. Ob Schule oder Beruf, ich habe mich vor wichtigen Terminen oftmals erst kurzfristig intensiv vorbereitet und bin mit dieser Methode typbedingt auch ganz gut zurechtgekommen. Aber ich habe so immer Druck erzeugt. Vielleicht wäre »12 vor 5« die bessere Strategie gewesen, dann hätte ich in jeder Situation fast fünf Stunden mehr Zeit gehabt!

Wer winkt denn da so freundlich aus dem Fenster? Es schien doch wahrhaftig das Fenster meines Zimmers zu sein! Wer so freundlich winkt, verdient auch einen Willkommensbesuch, dachte ich bei mir. Also stand ich auf. »Ich heiße Josef und komme aus der Pfalz«, mit diesen Worten begrüßte mich mein neuer Bettnachbar, als ich eintrat. »Und ich bin der Dietmar aus Wesel«, stellte ich mich kurz vor. Josef strahlte eine enorme freundliche Wärme aus. Ich schloss ihn gleich in mein Herz. »Wo bist du gestartet?«, fragte ich ihn. »In Porto«, antwortete Josef. »Bist du etwa den Camino Portugués gelaufen?«, bohrte ich nach. »Ja, entlang der Küste bis Santiago de Compostela und nun laufe ich den Camino Francés rückwärts. Wenn es mein Körper erlaubt, auch zurück bis nach Hause«, meinte er mit einer Selbstverständlichkeit, die mir fast die Sprache verschlug. »In welchem jugendlichen Alter befindest du dich?«, fragte ich forsch. »81«, meinte Josef. Ich kam aus dem Staunen nicht mehr raus. »Weißt du, ich hab' ein Problem mit meinen Füßen«, sagte er, dabei blitzte ein Schalk in seinen Augen und um seine Lippen spielte ein Lächeln, »die wollen immer weiter.« Ich war einfach nur begeistert von diesem Gentleman in Gestalt eines Pilgers. Mal eben fast 3.000 Kilometer von Porto nach Hause laufen und das im zarten Alter von 81 Jahren! Solche Geschichten liefert nur der Jakobsweg!

Josef hatte nach dem Tod seiner Frau vor 12 Jahren das Wandern für sich entdeckt und war unheilbar vom Jakobsweg-Virus befallen. Den Camino Francés und die Via de la Plata lief er bereits mehrmals. Der Camino de Levante und der Camino del Norte zählten zu seinen gut bekannten Wanderrouten. Um sich mit der einheimischen Bevölkerung unterhalten zu können, lernte er seit fünf Jahren Spanisch. Wir verabredeten uns zum Abendessen.

Am Abend saßen wir dann einträchtig zusammen: Josef, Franz aus Utrecht, Jean und ich. Josef war nicht nur der Star am Tisch, sondern in der ganzen Herberge. Das Pilgermenü war prima. Spaghetti, Fisch und Eis als Nachtisch bildeten eine gute Grundlage für das bald beginnende Fußballspektakel.

Das Ergebnis ist bekannt, Borussia spielte begeisternd auf, machte die Räume eng und die Bayern konnten sich nicht wie gewohnt entfalten. In der 2. Halbzeit kamen die Bayern besser ins Spiel. Bayern gewann etwas glücklich mit 2:1.

Von links: Josef, Franz und Jean

18 Kilometer ohne Ortskontakt nur geradeaus

41 Der mysteriöse Stuhl
Terradillos — Bercianos del Real Camino, 24 km
am 26.5.2013

Der alte Mann und der Weg. So könnte der Titel für ein neues Drehbuch über den Jakobsweg lauten. Mit dem richtigen Input versehen könnte daraus möglicherweise ein erfolgreicher Kinofilm entstehen. Hauptdarsteller: Josef. 81 Jahre alt. Wanderer. Camino-Star.

Frühmorgens verabschiedete ich mich ganz herzlich von ihm und wünschte ihm viel Glück und Gottes Segen. Mir war bewusst, ich würde diesen liebenswerten Menschen nie wiedersehen.

Mit guten Gedanken wanderte ich los. Nach zwei Kilometern erreichte ich die kleine Ortschaft Moratinos. Die kleine Anhöhe, gleich rechts am Anfang des Ortes, fiel mir sofort ins Auge. Sowohl die im unteren Bereich herausragenden Kamine als auch der auf dem Gipfel positionierte Stuhl stellten mich vor Rätsel. Voller Neugierde beschloss ich die Geheimnisse zu lüften. Das Kaminrätsel konnte ich schnell lösen. Ein Teil des Hügels diente einem Restaurant als Lokal, Küche und Lager. Wahrscheinlich glich das Innere des Berges einem durchlöcherten Käse. Gut möglich, dass zu Betriebszeiten alle Grasnarben und Pflanzen nach gebratenem Fisch oder Fleisch duften.

Aber was war mit dem Stuhl, der einsam auf dem Gipfel die Stellung hielt? Hatte man dem Chef des Restaurants im wahrsten Sinne des Wortes den Stuhl vor die Tür gesetzt? Oder saß er gelegentlich dort oben, um die notwendigen Impulse für den geschäftlichen Weitblick zu erhalten? Ich kletterte aufwärts und erreichte bald den rätselhaften Stuhl. Wahrscheinlich war es ein Gag. Bedächtig setzte ich mich in den Gartenstuhl und warf einen entspannten Blick in die Weite der Meseta. Strategisch verschaffte einem die Sitzgelegenheit einen kilometerweiten, spektakulären Rundumblick. Ein Drehsessel wäre jetzt noch die Krönung gewesen. Schnell noch ein Beweisfoto mit Selbstauslöser und ich beendete meine erfolgreiche Gipfelbesteigung.

Der mysteriöse Stuhl von Moratinos

Über eine kleine Brücke erreichte ich in der Mittagszeit die markante kleine Kapelle Ermita de la Virgen del Puente, die etwas verloren vor den Toren Sahagúns in der Landschaft lag. Sie vereint eindrucksvoll Elemente der arabischen und romanischen Baukunst. Die beiden in der Nähe gelegenen, sich gegenüberliegenden Kolossalstatuen, geben dem Weg nicht nur ein majestätisches Geleit, sondern verleihen ihm auch einen Schimmer von ägyptischer Mythologie.

Kurze Zeit später passierte ich das Ortsschild von Sahagún. Bis auf die Ruinenkirche San Facundo mit ihren lebendigen Storchennestern und dem Benediktstor, dem früheren Eingang zum Klosterbereich, beeindruckte mich die Stadt wenig. Ich wanderte rasch weiter.

Die einfache Herberge im alten Pfarrhaus in dem kleinen Nest Bercianos del Real Camino erklärte ich als Etappenziel. Am frühen Nachmittag erreichte ich das Refugium. Als ich den Vorraum betrat, nahm mich ein älterer, überaus netter spanischer Hospitalero mit freundlicher Wärme in Empfang. Der gepflasterte, pittoreske Steinboden verlieh dem Empfangsraum eine unaufdringliche schlichte Schönheit. Fachwerk und altes Gebälk gaben den in der ersten Etage befindlichen Schlafräumen eine spezielle, rustikale Note. Prunkstück waren die neuen sanitären Anlagen. Insgesamt eine urige Herberge.

Bis zum gemeinsamen Abendessen hatte ich noch einige Stunden Zeit. Also war die obligatorische Erkundungstour des augenscheinlich halb verfallenen 200-Seelen-Dörfchens angesagt. Eine merkwürdige Stahlkonstruktion lenkte die Blicke auf sich. Was verbirgt sich dahinter? Der Stahlturm ist das vorläufige Ergebnis des Untergangs der Dorfkirche, die im Jahre 1998 zusammenbrach und den Barockaltar und eine wertvolle Statue unter sich begrub. Ein neues Gotteshaus sollte an anderer Stelle entstehen. Wegen ungesicherter Finanzen ist die Vollendung aber ungewiss und so wurden die alten Glocken zunächst an einer freistehenden Stahlkonstruktion aufgehängt.

Ich setzte mich in ein Internetcafé, bestellte mir einen großen Café con leche und surfte durch einige Internetseiten. Insbesondere der Wetterbericht interessierte mich. Er sagte noch einige sonnige, aber kalte Tage voraus. Endlich eine gute Nachricht von der Wetterseite. Ein geöffnetes, gut sortiertes, Lebensmittelgeschäft war die nächste positive Entdeckung. Hier konnte ich meine aufgebrauchten Vorräte vervollständigen. Mit einer Tüte voll Brot, zwei Apfelsinen, Nüssen, Wasser und Käse ging ich zur Herberge zurück.

Höhepunkt war das Abendessen. Einer der beiden spanischen Hospitaleros hielt eine kurze Begrüßungsrede. Gleich danach wurde die schmackhafte Paella verteilt. Wasser, Brot und Rotwein ergänzten die Mahlzeit. Anschließend wurden alle Nationen gebeten reihum nach vorne zu kommen und jeweils ein länderspezifisches Lied zu singen. Jetzt kam Stimmung in die Bude! Unter großem Applaus sang ein venezuelanisches Pärchen »Guantanamera«. Die italienische Abordnung erntete unter der Regie ihrer engagierten Dirigentin regelrechte Beifallsstürme. Ausdrucksstark gestikulierend schwang sie ihre Arme und erinnerte an Herbert von Karajan in seinen besten Zeiten. Viva Italia! Dieser Abend hatte nicht nur den Charakter einer familiären, internationalen Begegnungsstätte, er stand auch im Zeichen einer länderübergreifenden friedvollen, harmonischen Völkerverständigung.

42 *Die rasende Langsamkeit*
Bercianos del Real Camino — Arcahueja, 38 km
am 27.5.2013

Am Ende des amüsanten Vorabends bat ein couragierter Pilger darum, nicht vor 6.00 Uhr durch vorzeitiges Aufbrechen für unnötige Unruhe zu sorgen. Und alle nickten und hielten sich daran. So gingen morgens erst um 6.30 Uhr die Lampen an. Oftmals musste ich während meiner Wanderung erleben, dass rücksichtslose Pilger schon in aller Herrgottsfrühe aufbrechen, um sich mehr oder weniger geräuschvoll an den engen Bettgestellen vorbei nach draußen zu tasten. Warum eigentlich? Im Hochsommer lässt sich ein frühzeitiges Aufbrechen wegen der großen Hitze tagsüber noch erklären. Aber im Mai? Um diese Zeit ist es noch stockdunkel. Im Scheinwerferkegel einer Stirnlampe im Dunkeln nach den gelben Pfeilen zu suchen kann nicht wirklich spaßig sein. Wie auch immer, Frühstarter haben ihre eigene Denke und lassen sich auf dem Camino nicht verhindern.

Nach einem schmalen Frühstück wanderte ich los. Ein Ziel hatte ich für heute nicht festgelegt. Mal schauen, was geht, hieß meine Devise.

Die acht Kilometer bis El Burgo Ranero zogen sich wie ein durchgekautes Kaugummi. Vielleicht beeinflusste das starke Gewölk meine Befindlichkeit, denn meine Lauffreude hielt sich im Moment in Grenzen.

Eine Schnecke samt Behausung »raste« schneidig über den Weg. Da sie sich auffällig schnell fortbewegte, titulierte ich sie als rasende Langsamkeit. »Hey, wie lange brauchst du noch bis nach Santiago?«, fragte ich sie. Sie blieb stumm. Aber es dürfte theoretisch wohl Jahrzehnte dauern, wenn überhaupt. Durch die Übernachtung im eigenen Haus würde sie ohnehin keine Stempel für den Pilgerpass erhalten und ohne Stempel gäbe es auch keine Compostela. Schnecken sind echt benachteiligt!

Ab Reliegos änderte sich die Wetterlage. Sonnenstrahlen kitzelten an meiner Nase und gleichzeitig stellte sich wohlige Wärme ein. Ich spürte sie in jeder Körperzelle. Als wenn mir jemand auf einem Silbertablett einen Energiepunsch servieren würde, so kam ich jetzt schlagartig auf Betriebstemperatur. Tempomat auf 5,5 km/h mit Trommelschritt eingestellt und weiter ging es kilometerweit in der Obhut von herrlich blühenden Wiesen und den in weiter Ferne liegenden schneebedeckten Gipfeln des Kantabrischen Gebirges.

An einer sumpfigen Wiese hielt ich an. Das Gequake der Frösche drang deutlich in meine Gehörgänge. Ein Storch näherte sich mit vorsichtig staksenden Schritten. Auf einmal Stille. Ein Frosch fiel wohl seinem Jäger zum Opfer und wurde sofort zu Babybrei verarbeitet. Fressen und gefressen werden, für einen Augenblick wurde ich Zeuge der Logik der Tierwelt.

In Mansilla de las Mulas stand ich vor der Herberge Jardín del Camino und wollte eigentlich reingehen. Doch mein noch gut gefüllter Energietank verhinderte eine Einkehr. Ich ging mit Sack und Pack weiter und durchquerte das nette Dörfchen.

Die Strecke zwischen Mansilla und Puente de Villarente war erbärmlich. Sie führte größtenteils direkt auf dem Seitenstreifen der viel befahrenen N601 entlang. Die Laster nahmen wenig Rücksicht auf die Pilger und rauschten gnadenlos an ihnen vorbei.

An einer Bushaltestelle in Villamaros winkten mir einige Pilger zu. Busfahren? »Geht gar nicht«, rückversicherte ich mich bei meinem Ego. Ich winkte zurück und forderte sie gestenreich zum Mitwandern auf, aber sie gingen nicht auf mein gut gemeintes Angebot ein.

In Puente de Villarente lernte ich ein junges amerikanisch-französisches Pärchen kennen. Das Mädchen war am 10. April von Toulouse aus losgewandert und lernte in Saint Jean ihren Weggefährten, der aus Seattle stammte, kennen. Sie waren mit einer Campingausrüstung unterwegs und verzichteten größtenteils auf Herbergen.

Um 16.30 Uhr erreichte ich müde, aber keineswegs am Limit meiner Kräfte, die kleine, adrette Herberge La Torre in Arcahueja. Im Hinblick auf mein sich abzeichnendes spätes Eintreffen hatte ich unterwegs telefonisch ein Bett reservieren lassen. Während bei privaten Herbergen eine Reservierung grundsätzlich möglich ist, bieten kirchliche oder städtische Einrichtungen diesen Service nicht.

43 Der Kreis schließt sich
Arcahueja — León, 9 km am 28.5.2013

León rief mich und ich folgte dem Lockruf. Mit »wehenden Fahnen« bewegte ich mich stramm auf mein Ziel zu. Industriegebiet gestreift, zwei große Fußgängerbrücken, die über autobahnähnliche Straßen führten, überquert und wenig später klopfte ich an die Tore der glanzvollen Provinzhauptstadt. Ein wenig kannte ich die Stadt ja schon und so fiel mir die Orientierung nicht schwer.

Um 9.30 Uhr stand ich vor dem Touristen-Büro an der Kathedrale, dessen Existenz mir vor zwei Jahren noch Kopfzerbrechen bereitete. Auf meine Frage nach einem geeigneten Hotel, erhielt ich von der nicht sonderlich motivierten Mitarbeiterin lediglich einen Stadtplan mit eingetragenen Hotelzeichen. Keine weiteren Bemühungen!

Aber da war ja noch mein blonder Glücksengel Katja aus Hamburg, die ich flüchtig in Burgos kennengelernt hatte. Ich traf sie beim Verlassen des Touristen-Büros. Sie empfahl mir das Hospederia Pax, ein 3-Sterne Hotel direkt im Klostergebäude neben der Benediktinerherberge. Benediktinerherberge? Mit klingelten die Ohren. Genau da wollte ich nie mehr hin, zu schlecht waren meine Erfahrungen aus 2011. Ich bedankte mich für den gut gemeinten Rat und machte mich zunächst auf den Weg zum Busterminal. Dort besorgte ich mir die Tickets für den ALSA-Bus nach Bilbao am nächsten Tag.

Das angepriesene Hotel reizte mich. Warum eigentlich nicht? Schließlich hatte das Hotel nichts mit der Herberge zu tun. Die Lage war als Ausgangpunkt für meinen ehrgeizigen Besichtigungsplan ideal. Also beschloss ich, es in Augenschein zu nehmen. Ich staunte nicht schlecht, als ich hineinging. Luxus pur. Die Entscheidung war somit gefallen. Das Zimmer war zwar noch nicht bezugsfertig, dafür konnte ich meinen Rucksack dort sicher deponieren. In zwei Stunden solle ich wieder kommen, meinte die etwas mürrisch dreinschauende Dame an der Rezeption. Für mich kein Problem, denn ab sofort begann mein offizielles Besichtigungsprogramm mit dem heiß ersehnten Besuch der

Kathedrale. Beeindruckt stand ich auf dem Vorplatz und blickte auf die beiden von der Sonne angestrahlten schlanken Doppeltürme. Die Catedral de Santa María ist das stilreinste frühgotische Bauwerk Spaniens und wegen ihrer 125 Fenster mit 1.800 Quadratmetern Glasfläche weltbekannt. Pflanzen, Tiere, Heilige Adelswappen, die Fülle der Motive der Buntglasfenster ist so atemberaubend wie die Größenordnung der Gesamtfläche. Je nachdem, wie die Sonnenstrahlen im Tagesverlauf einfallen, ergeben sich unterschiedliche Lichteffekte.

Buntglasfenster in der Kathedrale von León

Unter den vielen integrierten Seitenkapellen ragt die Virgen de la Esperanza – mit der Darstellung einer schwangeren Gottesmutter – heraus. Bestechend ist auch das aus Nussholz geschnitzte Chorgestühl.

Das Museum in der Stiftskirche des Heiligen Isidoro war eine weitere historische Sehenswürdigkeit, die mich interessierte. Im Pantheon fanden 11 Könige, 14 Königinnen und weitere Adlige ihre letzte

Ruhestätte. Die noch originalen Deckenfresken aus dem 12. Jahrhundert stellen eine zeitgemäße Kostbarkeit romanischer Kunst dar und ziehen sich wie ein Mantel über die königlichen Gräber.

Auf dem Weg zu Gaudis Casa de Botines klopfte mir jemand von hinten auf die Schulter. »Hallo Dietmar«, sagte eine Stimme. Ich drehte mich um. »Reiner! Du hier? Wo sind Chris und die beiden Kanadierinnen?«, wollte ich wissen. »Sie sind noch im Ort und laufen weiter«, meinte er. »Und du?« »Ich breche ab, ich habe mir eine Grippe eingefangen und fahre nach Erlangen zurück, um sie auszukurieren«, sagte Reiner ein wenig geknickt. Er sah wirklich krank aus und wirkte schwach. Seine Entscheidung konnte ich gut nachvollziehen, sie war vernünftig und richtig. Nur ein gesunder Körper kann sich den Strapazen des langen Weges widersetzen.

Reiner und seinen Freund Chris lernte ich bei einer Stippvisite der Stempelstelle von María in Logrõno kennen. Die beiden freundeten sich unterwegs mit zwei Kanadierinnen an und bildeten eine Wandergemeinschaft. Doch nun wurde die Gemeinschaft auseinandergerissen. Mit einem Klaps auf die Schulter verabschiedete ich mich von Reiner und wünschte ihm gute Besserung.

Was ist León ohne seine vielen kleinen Geschäfte und die unzähligen Bars? Es lässt sich gut aushalten in der zweitgrößten Stadt entlang des Jakobsweges. Beim Tingeln durch die teils engen, verwinkelten Gassen verleiten Souvenir- und Trekkingläden, Schuh- und Bekleidungsgeschäfte immer wieder zur Einkehr und gelegentlichen Käufen. Sofern der Rucksack noch aufnahmefähig ist.

León, mein Ziel, war erreicht. Der Kreis hatte sich geschlossen. Meine Reise über den Jakobsweg war vollendet. Zufrieden und innerlich tief befriedigt lehnte ich mich während der Rückfahrt nach Bilbao im Bus zurück. Obwohl sich ein großer Lebenswunsch gerade erst erfüllt hatte, konnten meine Gedanken nicht ruhen. Eigentlich sollte ich jetzt entspannt Geschwindigkeit aus meinem Leben nehmen. Zunächst jedenfalls. Ich erinnerte mich an Josef, er war vom Jakobsweg-Virus befallen und seine Füße wollten immer weiter laufen. Als gleichsam Infizierter habe ich beschlossen, ihn als mein Vorbild zu nehmen. Und somit gewinnen meine zukünftigen Pläne schon wieder an Reife …

Ein Platz neben ihm ist noch frei:
Lebensgroße Figur von Antoni Gaudi vor der Casa de Botines

44 Nachwort / Was bleibt?

Zweifellos die Erinnerung an die größte, erlebnisreichste und glücklichste Reise meines Lebens. Ich habe mich angestrengt und gequält, immer ein gutes Gespür entwickelt und mich nie wirklich verlaufen. Meine Physis erlaubte es mir, im Kopf und nicht nach den Füßen zu entscheiden, wann und wo eine Etappe endet.

Der Camino hat mich innig berührt und mitgenommen, er war ein großartiger väterlicher Freund. Er hat mir meine Kräfte geraubt, mir aber gleichzeitig Zugang zu seinen spirituellen, kraftgebenden Quellen ermöglicht. Ich habe aber auch seine Bedingungen bzw. Spielregeln geachtet und akzeptiert. Insbesondere die Herbergen waren für mich anfangs eine große innere Hürde. Auch wenn es schwierig war, es ist mir gelungen »abzusteigen«, mich auf das Niveau eines einfachen Pilgers zu stellen und einfach zu leben. Das Entbehren muss man nicht neu erfinden, aber man muss es zuweilen neu lernen. Es war für mich eine heilsame Erfahrung, wie wenig man täglich wirklich braucht, um zufrieden und glücklich zu sein. Das gesellschaftlich anerzogene Streben nach »Mehr« wird vorübergehend durch ein ungezwungenes Leben mit »Weniger« abgelöst.

Im Anschluss an meine Wanderung, bei der »Nachlese« zu Hause, wurde mir bewusst, dass die Summe der spirituellen Bereicherung tiefer reicht und die übermittelten Botschaften vielschichtiger sind, als vorher angenommen. Es folgte eine tiefgründige Phase des Nachdenkens über mich selbst und meiner künftigen Lebensausrichtung. Die Suche nach dem Schlüssel für das Eingangstor zur Spiritualität verschaffte mir gleichzeitig den Zutritt zu einem neuen Lebenselixier. Ein Grund mehr mich vor dem Mythos Jakobsweg zu verneigen.

Das Pilgern war für mich ein Hingehen, hin zu einer tiefen Selbsterfahrung, hin zu neuen und spannenden Begegnungen und ein Weggehen von alten, ungeliebten Verkrustungen. Ich wurde gut durchgeschüttelt, auseinandermontiert, wieder zusammengeschraubt und gleichzeitig mit frischer unverdünnter Lebenswärme geflutet. Den

Geist des Jakobsweges erfahren zu können, bedeutet großes Glück, ihn für den Rest des eigenen Lebens als inneres Credo in sich tragen zu dürfen, Erfüllung.

Vielleicht sollte meine Wanderung auch nur eine Prüfung für mich sein, wenn ja, so meine ich, habe ich sie bestanden.

Meinem Schöpfer bin ich noch nie so nahe getreten wie in dieser Zeit. Ich habe ihn zwar nicht gesehen, ich habe jedoch ständig seinen Atem gespürt. Er war bei mir, ich weiß es, ich habe ihm Unterschlupf gewährt und vielleicht habe ich ihn auch unbewusst in meinem Rucksack mitgetragen. Ihm habe ich es wohl zu verdanken, dass meine Seele neu betankt wurde.

Ich bin ausgezogen um mich selbst zu finden und habe dabei Gott gefunden. Andere ziehen aus um nach Gott zu suchen und finden sich selbst. 38 Tage war ich insgesamt unterwegs, bin 900 Kilometer gelaufen und habe dabei weit mehr als eine Million Schritte gemacht. Ich habe Spuren hinterlassen und bin angekommen – bei mir selbst angekommen.

ES WAR MEIN »WALK OF LIFE«

ES WAR EIN ABENTEUER MEINES HERZENS

ES WAR MEIN WANDERMÄRCHEN IM MAI, DEM SCHÖNSTEN MONAT DES JAHRES

45 Danksagung an den Jakobsweg

Danke…

… dafür, dass ich Dich bewandern durfte. Du hast mir Deine Landschaft und kulturellen Schätze gezeigt, Du hast mich damit unendlich fasziniert und bereichert.

… dafür, dass Du mir harte Entbehrungen auferlegt hast, ich weiß die Begriffe Luxus und Genuss jetzt anders zu interpretieren.

… dafür, dass ich »in den Spiegel schauen« durfte, ich habe mich erkannt und versuche mich zu korrigieren.

… für die Momente der inneren Einkehr, ich konnte mich prüfen und habe einen Zukunfts-Brief an mich selbst adressiert.

… für die Einsamkeit, die ich erfahren durfte, sie schenkte mir den Schlüssel zum Eingangstor Deiner geheimnisvollen Spiritualität.

… dafür, dass ich so vielen unterschiedlichen Menschen begegnen durfte, sie waren funkelnde Facetten meiner Reise.

… für die physische Kraft und die Gesundheit, die Du mir unterwegs verliehen hast, sie waren das stabile Gerüst meiner Wanderung.

… dafür, dass Du mich vor lauter Ziel nicht von meinem inneren Weg abgebracht hast.

… für die vielen kuriosen Zufälle, die ich als gezielte Steuerung »von oben« begreife und mich meinem Schöpfer näher gebracht haben.

… dafür, dass Du mich mit Deinem Virus infiziert hast. Er ist der erste Virus, den ich pflegen und nicht bekämpfen werde.

46 *Nützliches, Wissenswertes über den Camino*

Was macht den Jakobsweg aus?

Wohl jeder besitzt die Sehnsucht, irgendwann einmal dem hektisch gewordenen Alltag und der alle Kräfte überfordernden Komplexität des Lebens zu entfliehen, sich zu entschleunigen und in extremen Situationen selbst zu erfahren. Wo sonst als auf dem Jakobsweg findet man idealere Rahmenbedingungen dazu? Die lange Wanderung bedeutet einen Marathon für Körper, Geist und Seele. Die Grenzwerterfahrung, sich am Rande der Erschöpfung in einer einzigartigen spirituellen Kulisse zu bewegen, führt zu einem wogenden Wechselbad der Gefühle. Nach einem strapaziösen Tag das Etappenziel zu erreichen und sich unterwegs wie ein Schwamm mit vielen positiven Eindrücken vollzusaugen, löst allenthalben starke innere Glücksmomente aus. Je größer der individuelle Trichter ausgelegt ist, desto mehr Input gelangt in das eigene Seelenleben. Die Kräfte des Jakobsweges entfalten sich leise und sanft. Sie hinterlassen eine starke Wirkung auf den Menschen. Vielfach münden sie in einem Fest der Sinne. Seine Werte besitzen kein Verfallsdatum und gelten seit mehr als eintausend Jahren.

In der Summe machen nicht der Jakobsweg an sich, sondern die Menschen, die auf ihn wandern, die Besonderheit dieses Pilgerweges aus. Für die meisten ist er eine Erfahrung, die sie ihr ganzes Leben nicht vergessen werden. Das Eintauchen in Kultur und Geschichte, die vielen Begegnungen und die daraus resultierende Kommunikation mit Pilgern aus allen Erdteilen sind mit nichts zu vergleichen. Der Erzbischof von Santiago de Compostela, Don Julian Barrio, sagte unlängst trefflich und nicht umsonst: »Hier geschehen jeden Tag viele Wunder.« Damit meint er nicht etwaige spektakuläre Ereignisse, sondern die ganz persönlichen Richtungsänderungen und Wandlungen, die einige Menschen erfahren und neu beginnen lassen. Letztendlich nährt sich das Verlangen nach dem Jakobsweg aus jenen Vorgängen, die man im Kopf erfährt, im Herzen fühlt und vom Körper ausführen lässt.

Welche körperlichen Voraussetzungen sollte man mitbringen?

Unterwegs lernt man sehr schnell sich und seine Grenzen kennen und muss sie möglicherweise korrigieren, was nicht einfach ist. Sportlichkeit ist sicherlich von Nutzen, aber keineswegs von elementarer Bedeutung. Ich habe sowohl extrem sportliche Pilger kennengelernt, die vielleicht im Schnitt schneller laufen und einige Kilometer mehr am Tag schaffen als auch unsportliche, untersetzte und übergewichtige Pilger. Auch sie haben ihr Tagespensum bewältigt, vielleicht eher gemächlich und mit weniger Kilometern auf der täglichen Uhr. Aber auch sie haben ihre Etappen irgendwie immer geschafft. Die wesentlichen Grundvoraussetzungen sind ein starker Wille, Ausdauer, eine physische Grundfitness und die Bereitschaft, sich auch mal zu quälen.

Wie kann man sich gegen Blasen schützen?

Blasen sind einer der größten Feinde des Wanderers. Sie von Anfang an zu vermeiden, sollte das unbedingte Ziel sein. Von überaus großer Bedeutung ist das Schuhwerk. Gute, eingelaufene Wanderschuhe lassen Blasen erst gar nicht entstehen. Sobald sich eine Reibung, an welcher Stelle auch immer, bemerkbar macht, sollte sofort ein passendes Blasenpflaster eingesetzt werden. Vorbeugung ist besser als Nachsorge! Also, unbedingt genügend Blasenpflaster einpacken! Der Handel bietet Sortimentspackungen mit verschiedenen Pflastergrößen an. Als sehr nützlich erweist sich das regelmäßige Eincremen der Füße nach dem Duschen mit Hirschtalgcreme. Die Haut wird und bleibt durch die regelmäßige Anwendung sehr geschmeidig und hält insofern auch mehr aus. Sie ist strapazierfähiger. Einmal entstandene Blasen sind eine absolute Pein und können das Wandern erheblich beeinträchtigen oder im schlimmsten Fall auch verhindern. Sollten sich die Blasen in Ermangelung einer nicht sterilen Erstversorgung entzünden, ist ärztliche Hilfe erforderlich. Persönlich bin ich mit einer Ausnahme von Blasen verschont geblieben. Allerdings habe ich Füße gesehen, deren Anblick Übelkeit erzeugte. Es gibt tatsächlich Pilger, die sich auf rohem Fleisch weiterquälen und somit auch ihre eigene Gesundheit aufs Spiel setzen.

Welches Schuhwerk ist zweckmäßig?

In einem Fachgeschäft wurde mir zu hohen Wanderschuhen geraten, was im Prinzip auch nicht falsch ist. Nach meinen auf dem Jakobsweg gemachten Erfahrungen, die auch auf Meinungen von anderen Pilgern basieren, würde ich mich eher für nicht ganz so hohe Trekkingschuhe entscheiden. Ich rate dazu, auf Ergänzungsschuhe, nämlich gute, halt bietende und mit einem tiefen Fußbett ausgestattete Sandalen, nicht zu verzichten. An heißen Tagen und auf ebenen Tagesetappen sind sie eine fußfreundliche Wohltat.

Welche Kleidung ist ratsam?

Grundsatz: Die Lagen-Bekleidung nach dem Zwiebelprinzip ist genau die richtige Taktik. Eine leichte Wanderhose, deren Hosenbeine durch einen Reißverschluss von der Hose getrennt werden können, ist ideal. Gute Wandersocken sind Pflicht. Eine Fleecejacke schützt vor Kälte und kann auch nachts als Ergänzung zur Decke oder zum Schlafsack genutzt werden. Von großer Bedeutung ist eine leichte, atmungsaktive Trekkingjacke mit möglichst vielen Taschen und Reißverschlüssen. Als Unterwäsche bietet sich mindestens eine Garnitur Merino-Funktionsunterwäsche an, die sich besonders geruchsneutral verhält und sehr angenehm zu tragen ist. Ob man auf schnell trocknende Funktionsshirts zurückgreift oder die bewährten T-Shirts aus Baumwolle einpackt, ist Geschmackssache. Als Kopfbedeckung diente mir ein Strohhut. Für Regentage sollte ein großer Regenponcho, der auch den Rucksack überdeckt, mitgeführt werden.

Was ist beim Kauf eines Rucksackes zu beachten?

Die Frage des Rucksacks sollte hohe Priorität genießen. Maximales Vergnügen bereitet der Rucksack nur, wenn man mit einem wirklich guten Exemplar ausgestattet ist. Entscheidend ist nicht nur, dass er aus strapazierfähigen Materialien gefertigt wurde, sondern auch auf die eigenen Bedürfnisse zugeschnitten ist. Zweckmäßigkeit und Größe sind hier die wichtigen Stichwörter. Empfehlenswert für Männer sind

Rucksäcke in einer Größenordnung von 50 Liter und für Frauen von 40 Liter. Das Eigengewicht sollte so gering wie möglich sein, denn jedes Gramm ist wichtig. Die Firmen Deuter (z.B. Modell Act Lite 50) und Osprey (z.B. Modell Atmos 50) stellen 50-Liter-Rucksäcke mit einem extrem geringen Eigengewicht von etwa 1.500 Gramm her, mein älterer 55-Liter-Rucksack wog hingegen 3.000 Gramm. Wichtig ist auch die Funktion und genaue Einstellung der Riemen. Hier sollte man auf das Wissen eines Fachverkäufers zurückgreifen und sich einweisen lassen.

Insbesondere das Gesamtgewicht des Rucksacks sollte einem strengen »Diätplan« unterliegen. Jedes mitzuführende Teil sollte überdacht werden und auf den Prüfstand kommen. Im Zweifel lieber ein Teil weniger mitnehmen. Die Packliste auf den Seiten 182 und 183 dürfte eine wichtige Planungshilfe sein. Zu bedenken ist auch, dass der Rucksack, morgens mit Proviant beladen, etwa zwei Kilogramm mehr als abends wiegen kann. Als Orientierungslimit (morgens) gilt: Männer max. 12 Kilo und Frauen eher 9 Kilo. Mehr Kilo sind von Übel.

Welche Jahreszeit ist geeignet?

Der Winter ist auch in Navarra, Rioja, Kastilien-León und Galicien kalt und unwirtlich. Nur die Harten wählen diese Jahreszeit aus. Als beste Reisezeit hat sich allgemein der Frühling oder der Herbst erwiesen. Als Hauptwanderzeit gelten die Monate Juni, Juli, August und September. Gerade in der großen Hitzeperiode im Juli und August sind viele Spanier auf dem Camino unterwegs. Wenn man den Statistiken Glauben schenken darf, wanderten im »Heiligen Compostelanischen Jahr« 2010 rund 270.000 Pilger auf dem Jakobsweg. Diese besonders hohe Ausnahmezahl hängt kausal mit dem »Heiligen Jahr« zusammen, im Jahr 2011 sank die Anzahl der Pilger wieder auf das Normalmaß von ca. 190.000. Auf den Monat August entfiel eine Anzahl von 41.000, im Mai waren es dagegen nur rund 20.000 Pilger, im September immerhin noch ca. 26.000. Wenngleich sich die Anzahl der Herbergen seit der Reise von Hape Kerkeling drastisch vermehrt hat, ist in der Hauptsaison mit einem erhöhten Andrang zu rechnen. Engpässe sind in dieser Zeit, insbesondere auf den letzten Streckenabschnitten vor Santiago, wahrscheinlich. Der von mir gewählte Zeitpunkt, direkt nach Ostern, war der Idealfall. Ich hatte mit überfüllten Herbergen oder einer Überbevölkerung des Camino nie ein Problem.

Welche Unterkunft ist ideal?

Die persönliche Einstellung ist letztendlich entscheidend. Einige Pilger bevorzugen lieber eine organisierte Tour. Die Unterbringung erfolgt dann ausschließlich in Hotels und das Gepäck wird etappenweise jeweils zum nächsten Hotel befördert. Eine Art von Pilgern deluxe. Viele Pilger meiden die Einfachheit und die Unbequemlichkeit der Herbergen – Stichwort Schlafsaal – und entscheiden sich generell für Hostals, Pensionen oder komfortablere Hotels. Der weitaus größte Teil der Pilger nutzt jedoch die Refugien bzw. Herbergen. Sie sind ein idealer Ort für Austausch und Völkerverständigung.

Mir persönlich machten größere Schlafsäle in den Herbergen am meisten zu schaffen. Ich besitze einen sehr sensiblen Schlaf und die Schnarcher, die sehr häufig in den Herbergen anzutreffen sind, können die verdiente und auch erforderliche Nachtruhe empfindlich stören. Ohropax hilft, aber unterdrückt ein »5-Sterne-Schnarchen« nur marginal. Deshalb habe ich auf kleine Schlafeinheiten, also z. B. 6-Bett-Zimmer großen Wert gelegt und mir die Herbergen schon vorab nach diesen Sollkriterien ausgesucht. Einige Herbergen bieten auch Einzelzimmer oder Zweibettzimmer an. Dieses Angebot habe ich, wo immer möglich, genutzt. Etwa einmal pro Woche habe ich mich mit einem Zimmer in einer Pension oder in einem Hotel belohnt.

Wie viel Zeit sollte man einplanen?

Es kommt darauf an, wo man beginnen möchte. Die gesamte Strecke des Camino Francés, ausgehend von Saint-Jean-Pied-de-Port in Frankreich, umfasst rund 800 km. Für die gesamte Entfernung sollte man im Idealfall sechs, im Minimalfall fünf Wochen veranschlagen. Falls eine weiterführende Wanderung bis nach Finisterre gewünscht ist, sind weitere drei Wandertage einzuplanen. Diese um etwa 90 Kilometer längere Route empfehle ich nachdrücklich. Insbesondere ältere Pilger sollten individuelle Zeitfenster für Müdigkeit, Unwohlsein oder Krankheit berücksichtigen. Besichtigungstage in größeren Städten (z.B. Pamplona, Burgos, León) dienen der Entspannung und bieten dem Körper eine willkommene Erholungspause.

Wie lang sollten die Tagesetappen sein?

Seine Kräfte richtig einzuschätzen und sich nicht zu überschätzen bedeutet während der Wallfahrt eine große Herausforderung. Mitunter macht man die schmerzvolle Erfahrung, wie erschöpfbar die eigenen Ressourcen sein können.

Etappenziele kann man sich nicht erkaufen, man muss sie sich das ein oder andere Mal hart erarbeiten und bezahlt mit Anstrengung, Mühe und Schweiß. Umso wichtiger ist es, sich die tägliche Strecke richtig einzuteilen und seinen Körper nicht zu überfordern. Überforderung führt zu großer Erschöpfung und einer Übersäuerung der Muskeln, der schmerzhafte und unangenehme Muskelkater kommt meistens am nächsten Tag unbarmherzig zum Vorschein. Aller Anfang ist schwer. Nach dem Motto »weniger ist mehr« sollten zu Beginn eher kleinere Etappen von 15 bis 20 Kilometer stehen. Nach etwa einer Woche hat sich der Körper an die Strapazen gewöhnt und entsprechende Muskeln aufgebaut. Dann kann die Laufdauer erhöht werden. 25 Kilometer am Tag dürften dann für die meisten kein Problem bedeuten. Es gibt aber auch Streckenabschnitte mit einer dünnen Besiedelung und wenigen Herbergen, dann müssen auch mal Tagesetappen von 30 Kilometer eingeplant und geschafft werden. Persönlich bin ich im Durchschnitt 25 Kilometer täglich gelaufen, im Extremfall auch mal 39 Kilometer. Die Geschwindigkeit ist von der individuellen Laufkonstitution abhängig. Lange Beine sind allgemein von Nutzen.

Sollte man alleine, zu zweit oder mit mehreren laufen?

Das persönliche Profil und die persönliche Einstellung sind letztendlich entscheidend. Ich habe alle unterschiedlichen Laufformen kennengelernt. Nach meiner Einschätzung zählen Paare eher zur absoluten Minderheit. Der Anteil dürfte eher bei unter 20 Prozent liegen. Etwa weitere 20 Prozent laufen in Gruppen. Der weitaus größte Teil der Wanderer bevorzugt es, alleine zu gehen. Der spirituelle Genuss in Verbindung mit dem qualitativen Erlebnis in der Natur ist als Einzelwanderer aus eigener Erfahrung ungleich höher einzuschätzen als die Wanderung zu zweit oder zu dritt. Nur wer den Camino alleine geht, erfährt auch seine wohlbehüteten Geheimnisse!

Oft konnte ich auch beobachten, dass sich durch die Kommunikation in den Herbergen Pilgergruppen bildeten, die dann in den darauffolgenden Tagen zusammen gelaufen sind. Eines ist gewiss: Auch wenn man nicht zusammen läuft, man trifft sich meistens wieder, sei es auf dem Camino selbst oder in den Herbergen. Irgendwie ist die Pilgerschaft auf dem gesamten Camino eine große Familie.

Welche Kosten sind zu veranschlagen?

»Froh schlägt das Herz im Reisekittel, vorausgesetzt man hat die Mittel«, behauptet Wilhelm Busch. Recht hat er. Auch pilgern kann man nicht zum Nulltarif. Wer als einfacher Pilger reisen möchte, kommt allerdings mit einem erstaunlich kleinen Budget zurecht. Pauschal sind bei dieser Lebensweise ca. 30 Euro pro Tag zu kalkulieren. Die Preise in den Herbergen sind gering, sie liegen zwischen 6 bis 10 Euro pro Übernachtung. Kirchliche Herbergen bitten um eine freiwillige Spende. Ein dreigängiges Pilgermenü kostet etwa 8 bis 10 Euro. Für Frühstück, Obst, Wasser, ein wenig Tagesproviant und die Einkehr in Bars unterwegs sind rund 12 Euro täglich zu veranschlagen. Ein gutes Einzelzimmer kostet in einer Pension ca. 30 Euro, in den Herbergen etwa 20 Euro. Der Aufwand für An- und Abreise sowie Geschenke und eventuell verschlissene Wandersachen ist separat zu berücksichtigen. Für die vierwöchige Wanderung wurde meine Reisekasse ohne die Kosten für An-/Abreise und Geschenke um etwa 1.200 Euro erleichtert.

Wie reist man an?

Als günstigstes und schnellstes Verkehrsmittel erweist sich das Flugzeug. Je nach Einstiegsvariante kann man von Deutschland aus mit dem Flieger z. B. nach Bilbao, Santander oder Madrid fliegen. Von

diesen Standorten führen preiswerte Busverbindungen bis zum ausgewählten Einstiegsort. Die Flugpreise richten sich nach den einzelnen Fluggesellschaften und sind je nach Wochentag höchst unterschiedlich. Am teuersten sind Flüge am Wochenende.
Billigfluglinien (z. B. Ryan Air oder Air Berlin) liegen in ihrer Preisgestaltung bekanntlich deutlich günstiger als Linienfluggesellschaften. Bei frühzeitiger Buchung sind für Hin- und Rückflug etwa 250 Euro zu veranschlagen. Santiago de Compostela besitzt einen eigenen Flughafen. Von dort aus starten und landen mehrmals am Tag Flieger von den zuvor genannten Fluggesellschaften.

Sind Nordic-Walking-Stöcke sinnvoll?

Die Frage kann eindeutig mit »Ja« beantwortet werden. Die Stöcke entlasten die Beinarbeit und insbesondere die Knie bis zu 30 Prozent. Bergaufwärts sind sie auf dem Camino eine ungemein wichtige Hilfe. Falls der Oberkörper ein wenig nach vorne gebeugt wird, entstehen am Berg zwei »zusätzliche Beine«. Vergleichbar ist diese Gehtechnik mit der Hinzuschaltung des Allradgetriebes bei den Autos. Auch bergabwärts werden die Knie erheblich entlastet und die Gefahr auszurutschen minimiert sich. Im Falle eines Ausrutschers ist die Chance groß, den strauchelnden Körper noch abfangen zu können. Persönlich hatte ich meine Stöcke auf der ganzen Strecke fast ununterbrochen eingesetzt. Sie waren mir eine unentbehrliche Hilfe. Es müssen nicht unbedingt teure Markenprodukte sein, mit meinen preiswerten, variablen Billigstöcken einer namhaften Discounterkette bin ich prima zurechtgekommen. Sie waren darüber hinaus stabil, wartungsfrei und absolut verlässlich. Mit Rücksicht auf das Ruhebedürfnis vieler Wanderer sind Gummidämpfer empfehlenswert.

Des Öfteren sieht man Pilger, die mit Pilgerstäben unterwegs sind. Meines Erachtens stellen sie wandertechnisch eher eine Be- als Entlastung dar. Ich glaube nicht, dass man mit einem starren Holzstock eine effiziente Unterstützung beim Wandern erzielt, dem Pilgerstab ist daher eher Symbolkraft zuzuordnen.

Packliste

- Leichter 50-Liter-Rucksack (für Männer), 40-Liter-Rucksack (für Frauen) mit Regencape
- Ein leichter Schlafsack (10 Grad, im Sommer Seidenschlafsack)
- Eine lange Wanderhose mit ausknöpfbaren Beinen
- Eine dreiviertellange Wanderhose
- Eine leichte Jogginghose oder Freizeithose oder Shorts
- Eine gute Trekkingjacke mit vielen Taschen
- Eine Fleecejacke (nicht Pullover, da wesentlich zweckmäßiger)
- Gute, bequeme Wanderschuhe (Trekking- oder Halbschuhe)
- Leichte Sandalen mit Seitenhalt und tiefem Fußbett
- Dünne Badelatschen
- Wetterhut
- Sonnenbrille
- Variable Nordic-Walking-Stöcke
- Leichter, kurzer Schlafanzug
- Kleines Handtuch
- Drei Garnituren Unterwäsche (davon 1 x Funktionskleidung)
- Drei T-Shirts (davon mindestens 1 Funktionsshirt)
- Zwei Paar Wandersocken, davon 1 x dünn
- Ein großer Regenponcho, evtl. zusätzlich kleiner Regenschirm
- Eine dünne Regenhose, ggfs. Gamaschen
- Gürtel
- Kugelschreiber
- Kleines Notizheft
- Eine Digitalkamera inkl. mind. 2 SD-Karten + Ladegerät für die Akkus
- Ein Handy inkl. Ladegerät
- Leichte Stofftasche oder Beutel
- Ein kleiner Wecker
- Aufblasbares Nackenkissen
- Sechs Wäscheklammern und einige Sicherheitsnadeln

- Kleine Kordel, etwas Draht
- Ein kleines Taschenmesser inkl. Korkenzieher
- Ohropax (Wachs)
- Sonnencreme
- Kleines Wörterbuch Spanisch evtl. Englisch
- Desinfektionsgel
- Blasenpflaster
- Hirschtalgcreme für die Füße (evtl. abgefüllt in kleinen Döschen)
- Ein Päckchen Papiertaschentücher
- Wanderführer (Ich empfehle: »Spanischer Jakobsweg« von Cordula Rabe, erschienen im Bergverlag Rother, ISBN 978-3-7633-4330-0)
- Medikamente individuell
- Magnesium-Tabletten
- Kulturbeutel mit Zahnbürste, kleiner Tube Zahnpasta, Minitaschenlampe, kleines Stückchen Seife, kleines Fläschchen Duschgel + Haarshampoo, Kamm, evtl. Nassrasierer und Rasierschaum, kleine Schere bzw. Nagelknipser
- Rei in der Tube, evtl. als Alternative ein Stück Kernseife
- 2 kleine Geldbörsen (1 x für den Rucksack, 1 x für die Hosentasche) Kreditkarten und Geld aufteilen!
- Ein Stein von daheim zur Ablage am Cruz de Ferro
- Pilgerpass
- Personalausweis und Krankenkassenkarte

Kap Finisterre

Auf die Dauer der Zeit
nimmt die Seele die Farbe der Gedanken an

Marcus Aurelius, römischer Kaiser und Philosoph

Pilgerweg kurz vor El Acebo

Jeden Tag nehmen wir den Weg,
Jeden Tag laufen wir weiter, weiter, weiter.
Tag für Tag ruft uns der Weg,
es ist die Stimme von Compostela.

Pilgerweg kurz vor Villar de Mazarife

Meine Reise auf dem Jakobsweg ist unwiederbringlich zu einem Teil meiner Vergangenheit geworden, doch die Strahlen der Jakobsmuschel werden auch in der Gegenwart meine Erinnerungen und meine Seele erhellen.

Dietmar Bunse

Pilgerweg Aufstieg Tafelberg, Meseta

Für die Welt bist du irgendjemand,
doch für irgendjemand bist du die ganze Welt

Ein selbst gezeichnetes Bild meiner Tochter Lara:

»Buen Camino Peregrino«

CAPITULUM hujus Almae Apostolicae et Metropolitanae Ecclesiae Compostellanae sigilli Altaris Beati Jacobi Apostoli custos, ut omnibus Fidelibus et Peregrinis ex toto terrarum Orbe, devotionis affectu vel voti causa, ad limina Apostoli Nostri Hispaniarum Patroni ac Tutelaris **SANCTI JACOBI** *convenientibus, authenticas visitationis litteras expediat, omnibus et singulis praesentes inspecturis, notum facit:* Dnum Theodemarum Bunse *hoc sacratissimum Templum pietatis causa devote visitasse. In quorum fidem praesentes litteras, sigillo ejusdem Sanctae Ecclesiae munitas, ei confero.*

Datum Compostellae die 20 *mensis* Maii *anno Dni* 2011.

SIGILLUM · CAPITULI · BEATI · IACOBI · COMPOSTELLAE

Meine Compostela

Die Übersetzung lautet:

»Das Kapitel dieser mütterlichen, apostolischen und metropolitanischen Kirche von Compostela, der Wächter des Siegels des Altares des seligen Apostels Jakobus, in der Absicht, allen Gläubigen und Pilgern, die aus dem ganzen Erdkreis beseelt von Verehrung oder eines Gelübdes willen vor der Tür unseres Apostels, des Patrons und Schutzherren der spanischen Lande, des heiligen Jakobus, zusammenkommen, echte Schreiben zur Bestätigung des Besuches zu verschaffen, macht allen und jedem, die in das Vorliegende Einblick nehmen, bekannt, dass (Vorname und Nachname des Pilgers) dieses Allerheiligste Gotteshaus, von Frömmigkeit getrieben, ehrerbietig besucht hat. Zur Beglaubigung dafür überreiche ich Ihnen dieses vorliegende Schreiben, versehen mit dem Siegel eben derselben heiligen Kirche.«

Meine Fisterrana

Mein Pilgerpass